In den 50 Jahren ihres Bestehens hat die Welthungerhilfe mit vielen Menschen weltweit einen Traum geteilt: ein Leben ohne Hunger und Armut. In unserem Bildband zeigen wir, dass die Menschen in Entwicklungsländern mehr sind als Opfer von Kriegen, Hunger und Katastrophen. Wir stellen Ihnen die mitreißenden Lebensgeschichten von 27 mutigen Männern und Frauen vor. Kommen Sie mit auf eine bewegende Reise durch Afrika, Asien und Lateinamerika. Verfolgen Sie die Geschichte der Theaterregisseurin Manuela Soeiro aus Mosambik, die zusammen mit Henning Mankell ihren Landsleuten Werke von Ibsen näherbringt. Oder erfahren Sie mehr von Manjusri, einem jungen sri-lankischen Mann, der eigentlich Polizist werden wollte und nun als Mönch ehemalige Kriegsgegner versöhnt. Oder lesen Sie von dem Engagement des Nicaraguaners Flores, dessen Einsatz als freiwilliger Feuerwehrmann Nachbarn das Leben gerettet hat.
Diese Menschen beweisen mit ihrer persönlichen Kraft:
Eine bessere Welt ist möglich!

Herzliche Grüße,

Bärbel Dieckmann
Präsidentin der Welthungerhilfe

Dr. Wolfgang Jamann
Generalsekretär der Welthungerhilfe

ES IST MÖGLICH

VORBILDER FÜR EINE BESSERE WELT – 27 PORTRÄTS

MIT TEXTEN VON
HENNING MANKELL,
HANS CHRISTOPH BUCH
UND ILIJA TROJANOW

HERAUSGEGEBEN VON

welt
hunger
hilfe

KNESEBECK

INHALT

Dr. EYAYA MISGAN
OBS-GYN RESIDENT

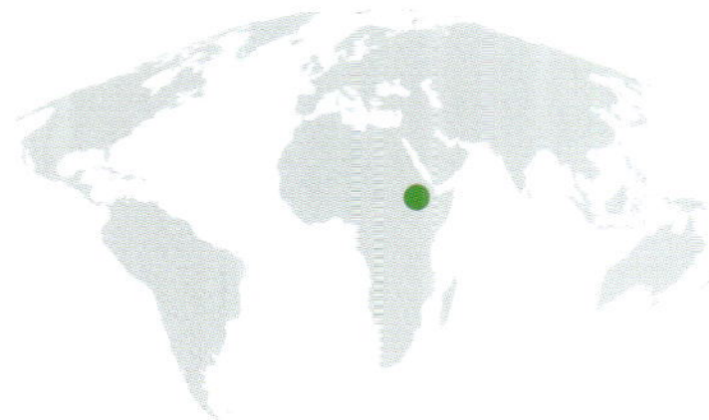

EYAYA MISGAN, 26 ÄTHIOPIEN, ADDIS ABEBA

VON EINER BESSEREN ZUKUNFT ZU TRÄUMEN, WAR VERMESSEN. EYAYA MISGAN TAT ES TROTZDEM. HEUTE IST ER FACHARZT FÜR GYNÄKOLOGIE AM BLACK LION HOSPITAL IN ADDIS ABEBA.

Eyaya Misgan ist einer der wenigen Ärzte, deren Rezepte die Patienten entziffern können. Seine Schrift ist klein, aber so präzise wie gedruckt. Als Schüler war der Äthiopier so arm, dass er sich nur selten ein Blatt Papier leisten konnte, doch er wollte alles lernen. Also schrieb er möglichst klein, um möglichst viel Wissen auf einem Zettel festhalten zu können. Das ist mittlerweile fast zehn Jahre her, doch die akkurate Schrift ist geblieben.

»Ich kann es manchmal selbst kaum glauben, dass ich tatsächlich Arzt in der Hauptstadt geworden bin«, sagt Misgan und schaut in die Ferne. Das kleine, aus Eukalyptusbäumen, Lehm und Wellblech zusammengezimmerte Haus im äthiopischen Hochland, in dem er mit seinen Eltern und den neun Geschwistern aufwuchs, ist nicht nur 700 Kilometer vom Black Lion Hospital in Addis Abeba entfernt, zwischen beiden Orten liegen Welten. Eyayas Mutter Zewdie ging nie zur Schule, kann weder lesen noch schreiben. Sein Vater Misgan war so arm, dass er noch nicht mal ein kleines Stück Land besaß, um für sich und seine Familie etwas anzubauen. Als ungelernter Arbeiter lud er Getreidesäcke von den Lastwagen der Hilfsorganisationen, wenn eine der häufigen Dürren mal wieder die Ernte zunichtegemacht hatte. »Wenn es den Leuten gut ging, ging es uns schlechter. Wenn es ihnen schlecht ging, ging es uns ein bisschen besser«, erinnert Eyaya sich.

Gut ging es ihm und seiner Familie nie. Wenn er sich nachts mit zweien seiner Geschwister eine dünne Matratze, die sie sich aus Gras selbst gemacht hatten, teilte,

Der junge Arzt ist bei seinen Patienten sehr beliebt, denn er ist für seine Sorgfalt und Umsicht bekannt.

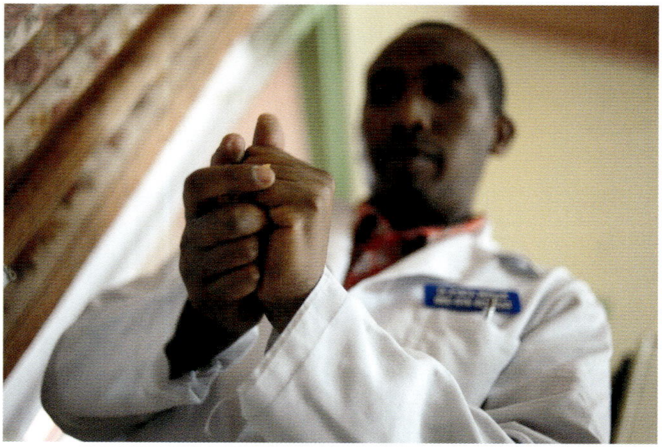

fror er auf 3000 Metern Höhe. Bis er 17 Jahre alt war, besaß er nicht ein einziges Paar Schuhe. Von einer besseren Zukunft zu träumen, war utopisch, gar vermessen gewesen. Eyaya tat es trotzdem – und er arbeitete hart dafür, seinen Traum Wirklichkeit werden zu lassen.

Während seiner ganzen Schulzeit fehlte er keinen Tag in der Schule. Nach elf Jahren hatte er neun von neun möglichen »A«s, ein Eins-plus-Zeugnis. Nie zuvor hatte das ein Schüler in seinem Bezirk geschafft. Theoretisch hätte Eyaya mit diesem Zeugnis in Äthiopien alles machen können. Theoretisch. »Ich dachte, ich müsste Landwirtschaft studieren, da das Studium nur zwei Jahre dauert. Ich wollte meine Eltern und meine vier jüngeren Geschwister so schnell wie möglich finanziell unterstützen«, erzählt der 26-Jährige. Als sein Schuldirektor von Eyayas Plänen erfuhr, erschrak er. Der Pädagoge wusste genau, dass sein bester Schüler Arzt werden wollte, seitdem seine jüngste Schwester und seine Mutter bei der Geburt beinahe gestorben wären. Aber der Lehrer wusste auch, dass die Eltern des Musterschülers sich das lange und teure Medizinstudium nicht leisten konnten. Doch so viel Talent durfte nicht einfach vergeudet werden.

Schließlich stieß der Schulleiter auf WABE, eine äthiopische Nichtregierungsorganisation, die sich um Waisen und besonders bedürftige Kinder kümmert. Sechs Jahre finanzierte der Kooperationspartner der Welthungerhilfe Eyaya das Medizinstudium. Monatlich erhielt Eyaya umgerechnet rund sieben Euro. Nicht viel, doch genug, damit er sich seinen Traum erfüllen konnte.

Nach dem Abschluss seines Studiums – natürlich wieder mit Bestnoten – arbeitete Eyaya eineinhalb Jahre als Dozent an der Universität Bahir Dar im Norden des Landes, bevor er seine Ausbildung zum Facharzt in Gynäkologie in der Hauptstadt begann. Umgerechnet rund 185 Euro verdient der junge Arzt jetzt. Die Hälfte

EYAYA MISGAN IST EINER DER WENIGEN ÄRZTE, DEREN REZEPTE DIE PATIENTEN ENTZIFFERN KÖNNEN. SEINE SCHRIFT IST KLEIN, ABER SO PRÄZISE WIE GEDRUCKT. ALS SCHÜLER WAR DER ÄTHIOPIER SO ARM, DASS ER SICH NUR SELTEN EIN BLATT PAPIER LEISTEN KONNTE, DOCH ER WOLLTE ALLES, WAS ER LERNTE, NOTIEREN.

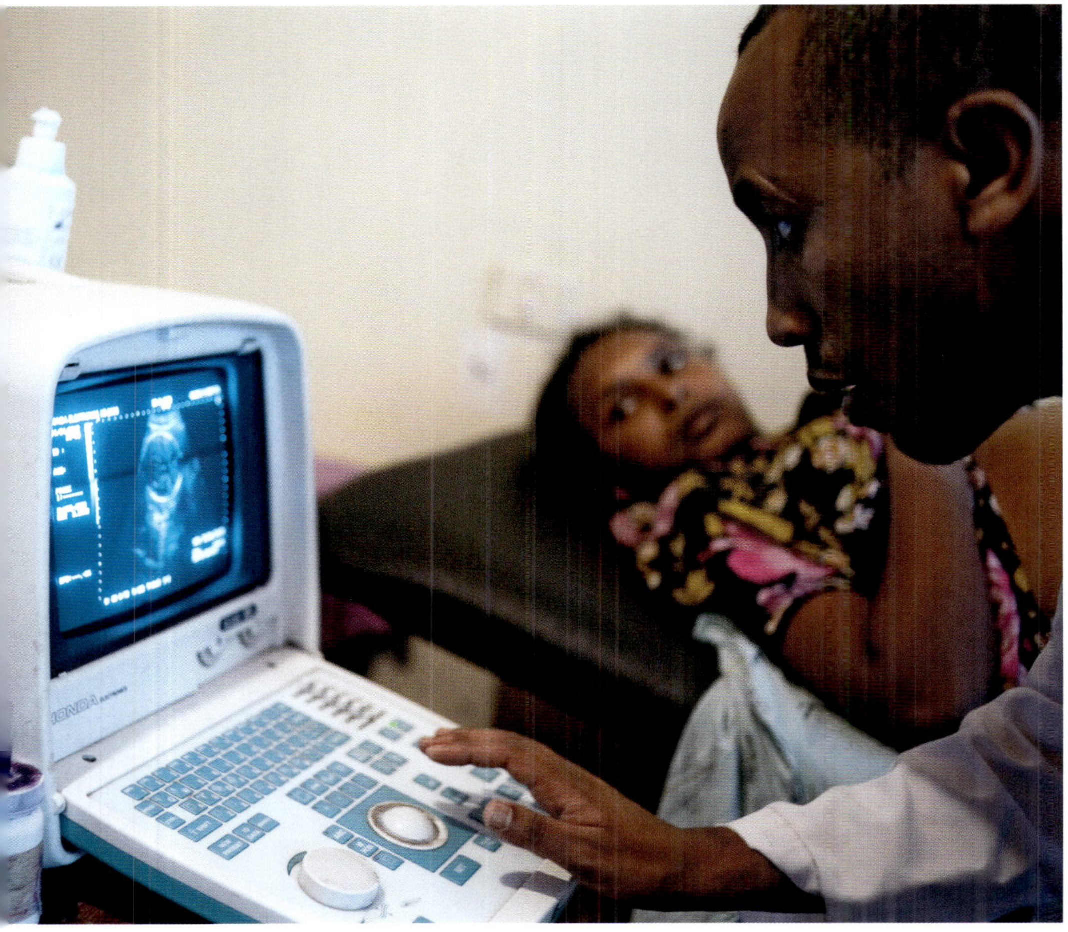

Eyaya Misgan wollte schon immer Gynäkologe werden, um zu verhindern, dass Frauen bei der Geburt ihrer Kinder sterben müssen.

Sein Fernziel ist es, Professor für Gynäkologie zu werden und eine eigene Klinik zu eröffnen – daran arbeitet er bis tief in die Nacht.

Eyaya Misgan lebt bescheiden, damit er seine Familie finanziell unterstützen kann.

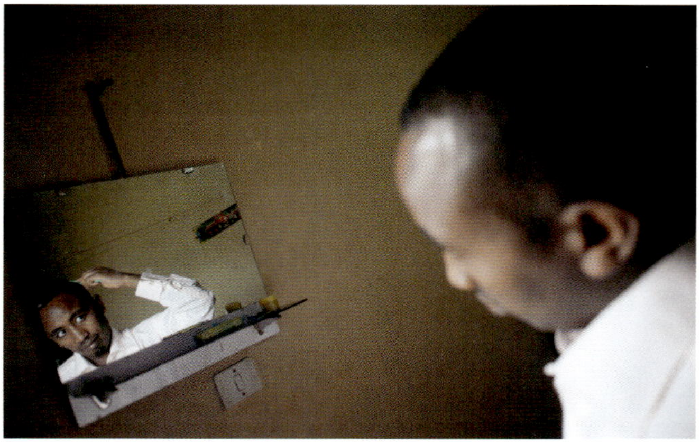

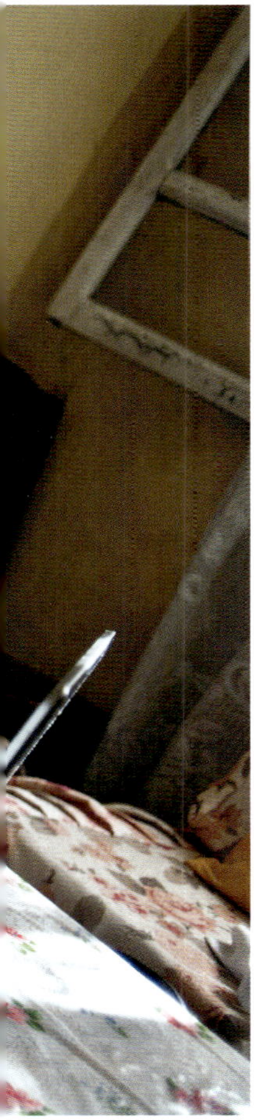

»BEVOR ICH ANFING, MEDIZIN ZU STUDIEREN, STARB MIMI, DIE TOCHTER MEINER ÄLTEREN SCHWESTER MULU, WEIL ES IN DER NÄHE KEINEN ARZT GAB. SO ETWAS SOLL NIE WIEDER PASSIEREN.«

davon schickt er nach Hause und finanziert seinen beiden jüngsten Geschwistern damit ihr Studium. Sie sollen die gleichen Chancen haben wie er. Von seinem ersten Gehalt stattete er seinem Vater zudem einen kleinen Laden aus. »Er ist jetzt 64 Jahre alt und soll nicht mehr die schweren Säcke schleppen müssen«, sagt der schmächtige Mediziner.

Noch wichtiger als das Geld, das er jetzt endlich nach Hause schicken kann, ist Eyaya, dass er tun kann, was er immer wollte: anderen Menschen helfen und dabei immer weiter lernen. Wenn er morgens seine Visite macht, spüren seine Patientinnen die aufrichtige Anteilnahme des frommen Christen und den unstillbaren Wissensdurst des jungen Arztes. »In unserem Land sterben immer noch viel zu viele Mütter und Babys bei der Geburt. Das will ich ändern«, sagt Eyaya.

Aus dem Jungen ohne Schuhe, Stifte und Papier ist ein angesehener Arzt geworden, und Eyaya weiß, dass er im Leben erreichen kann, was er sich vorgenommen hat. Und das ist einiges. Der junge Mediziner möchte Professor für Gynäkologie werden. Er weiß, dass er dafür wieder hart arbeiten muss. Wenn er abends nach der Schicht im Krankenhaus nach Hause kommt, schlägt er seine Lehrbücher auf, meist studiert er bis zwei Uhr nachts. Vier Stunden Schlaf reichen Eyaya, auch wenn seine Kollegen ihm sagen, dass das nicht gesund sein kann.

Aber was ist schon Übermüdung im Vergleich zu großen Träumen? In der Universitätsstadt Bahir Dar möchte Eyaya als Professor ein Krankenhaus für Frauenheilkunde eröffnen, in Nefas Mewcha, der Stadt seiner Eltern, eine Klinik. Der realistische Träumer: »Bevor ich anfing, Medizin zu studieren, starb Mimi, die Tochter meiner älteren Schwester Mulu, weil es in der Nähe keinen Arzt gab. So etwas soll nie wieder passieren.«

Philipp Hedemann (Text), Michael Tsegaye (Fotografien)

MARIA ELISA MACUÁCUA, 16 MOSAMBIK, MAPUTO

»OHNE SCHULAUSBILDUNG HAST DU KEINE CHANCE«, SAGT DIE 16-JÄHRIGE AIDSWAISIN, DIE FEST ENTSCHLOSSEN IST, ES BESSER ZU MACHEN ALS VIELE IHRER FREUNDINNEN, UND ÄRZTIN WERDEN WILL.

Abends um sieben schlägt Maria Elisas große Stunde. Dann zieht sie einen Kittel über die Capulana, schnappt sich den Schlüssel für den Arzneischrank und schreitet durch die langen Hallen des Mädcheninternats. Die Kleinen warten schon vor der improvisierten Minipraxis, sie wollen ihre Wunden versorgt bekommen, die Schmerzen stillen lassen. Und sie wollen für einen kurzen Moment die Aufmerksamkeit der großen Mitschülerin ergattern. Unter lautem Gejohle unterbrechen sie die Kabbeleien, als Maria Elisa die Treppe herunterkommt. Blitzschnell bilden sie eine Schlange vor dem ausrangierten Schultisch.

Maria Elisa Macuácua ist 16 Jahre alt, aber sie ist schon lange erwachsen. Ihre Mutter starb, da war sie gerade vier. Den Vater beerdigten sie wenige Monate später, beide hatten Aids. In Mosambik ist das keine Seltenheit - die Menschen werden im Durchschnitt nur 48 Jahre alt. Die drei Vollwaisen kamen erst zur Großmutter, dann in ein katholisches Internat in der Heimatprovinz Gaza. Kurze Zeit später war Maria Elisa allein: Die älteren Geschwister hatten keine Lust zum Lernen und gingen zurück ins Dorf. Maria Elisa blieb bei den Vinzentinerinnen, sah ihnen bei der Pflege im Krankenhaus zu und beschloss, Ärztin zu werden.

»Ohne Schulausbildung hast du keine Chance«, sagt sie und denkt dabei an ihre Schwester und die Mehrheit der jungen Frauen im Land: Sie brechen die Schule ab, heiraten, bekommen Kinder, meistens zu viele. Ohne Job, ohne Geld und ohne Perspektiven. Maria Elisa will sich von keinem Ehemann abhängig machen, der sie

Maria Elisa ist anders als die anderen Mädchen, die sich eher für ihr Aussehen, für Jungs und Stars interessieren. Trotzdem ist die 16-Jährige sehr beliebt und wurde jüngst zur Schulsprecherin gewählt.

SIE LERNT, WEIL SIE ES GERNE TUT, ABER AUCH, WEIL SIE EINEN TRAUM HAT.

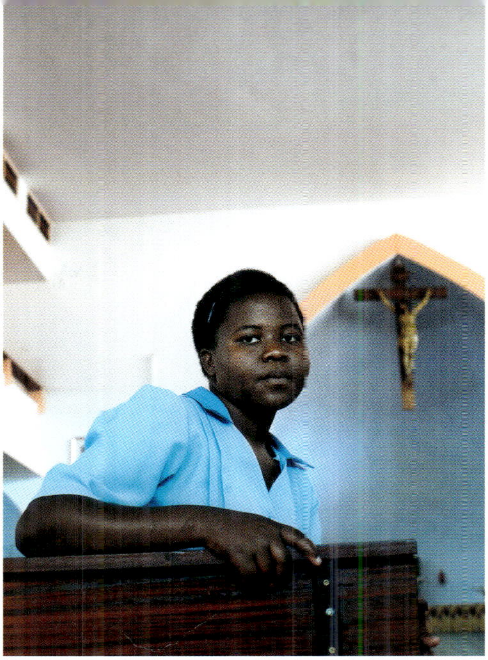

Manchmal möchte man dem Mädchen mehr jugendliche Unbeschwertheit wünschen.

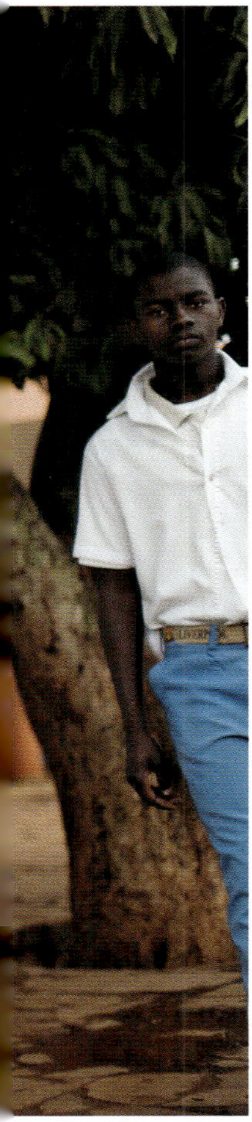

mit großer Wahrscheinlichkeit sowieso irgendwann sitzen lassen würde. Oder mit dem Virus infiziert. Sie will lernen. Sie liebt vor allem Biologie und Mathe und alle anderen Naturwissenschaften. Akribisch erledigt sie ihre Hausaufgaben, egal ob Geschichte oder Portugiesisch. Sogar Fußball macht ihr Spaß. Sie lernt, weil sie es gern tut, aber sie büffelt auch, weil sie einen Traum hat. Den zu erreichen, ist für ein mittelloses mosambikanisches Mädchen ungefähr so aussichtsreich wie der Oscar für eine deutsche Laienspielgruppe.

»Wir haben große Hoffnungen, dass sie ihren Weg gehen wird«, sagt Oberschwester Orsolina Tachis. Die Salesianerin leitet das Heim für Waisenmädchen »Maria Auxiliadora« in Namaacha. Sie hatte sich dafür eingesetzt, dass das begabte Kind hier, 300 Kilometer südlich des Heimatdorfes an der Grenze zum Königreich Swasiland, die Schule beenden kann. Die Vinzentinerinnen in Gaza unterrichten nur bis zur siebten Klasse. Ihnen war sehr an Maria Elisas Zukunft gelegen, die jede freie Minute mit ihnen im Krankenhaus verbrachte und alle Details wie ein Schwamm in sich aufsog. »Die Vinzentinerinnen fragten uns, ob wir sie aufnehmen würden«, erinnert sich Schwester Orsolina. Sie tat es mit großer Freude.

Seit 2009 lebt Maria Elisa nun mit 96 anderen Mädchen und fünf Ordensschwestern in Namaacha. Gerade bereitet sie sich für die Abschlussprüfungen der zehnten Klasse vor. Danach muss sie ein weiteres Mal die Schule wechseln, denn die Räume der Klassen elf und zwölf befinden sich derzeit im Bau. Ihr Bett kann sie dieses Mal jedoch behalten, und die Gefährtinnen werden ihr bleiben: Bis zum Abitur wird sie im Internat wohnen, die andere Oberschule liegt nur einen kurzen Fußmarsch entfernt. Ob sie danach ein Stipendium bekommen wird, steht noch in den Sternen. »Ich brauche viel Kraft, um meinen Traum nicht aufzugeben«, sagt Maria Elisa

Auch unliebsame Aufgaben wie das Wäscheaufhängen erfüllt die fleißige Schülerin mit größter Akribie.

mit leisem Nachdruck. Das Heimweh nagt. Die Oma ist krank und braucht ihre Pflege. Die meisten Mitschülerinnen findet sie oberflächlich. Ihnen ist nichts wichtiger als ihr Aussehen, Jungs, internationale Stars – was Teenager in aller Welt halt so umtreibt. Die anderen Heimkinder albern herum, sie strengen sich nicht an und haben keine großen Ziele. Maria Elisa ist anders: ernsthaft, schweigsam, beflissen. Sie geht in die Kapelle zum Beten, betreut die Kleinen beim Essen, wäscht, bügelt und putzt und erledigt alle anderen Aufgaben im Heim mit geradezu preußischer Akribie.

»Alles, was sie tut, ist perfekt«, weiß Schwester Carolina. Die Direktorin der staatlich anerkannten Schule »Maria Auxiliadora« gleich neben dem Waisenheim verrät, dass Maria Elisa gerade zur Schulsprecherin gewählt wurde. Sie vertritt jetzt die Interessen von 800 Schülerinnen und Schülern der Klassen eins bis zehn. Von sich aus würde die 16-Jährige niemals darüber reden. Jetzt kichert sie nur verlegen und blickt verschämt zu Boden. Vielleicht macht gerade das ihre Beliebtheit aus: ihre Bescheidenheit, Verlässlichkeit, Demut.

Die Praxis ist eröffnet. Rosalia hat eine offene Wunde am Fuß, Maria einen Abszess am Kopf, und Marilia tut der Bauch weh. Ein gutes Dutzend Mädchen wartet geduldig in Reih und Glied auf die Behandlung. Maria Elisa schaut jedem Kind tief in die Augen, die meisten sind noch klein, besuchen die Grundschulklassen. Die älteren Mädchen besprechen ihre Probleme lieber abends im Schlafsaal, sie wollen Diskretion, verständlicherweise. Für alle hat Maria Elisa ein offenes Ohr. Sie fragt

»ALLES, WAS SIE TUT, IST PERFEKT.«

Die Mädchen lernen im Internat auch hauswirtschaftliche Tätigkeiten wie Nähen – hier arbeitet Maria Elisa an einer Schuluniform.

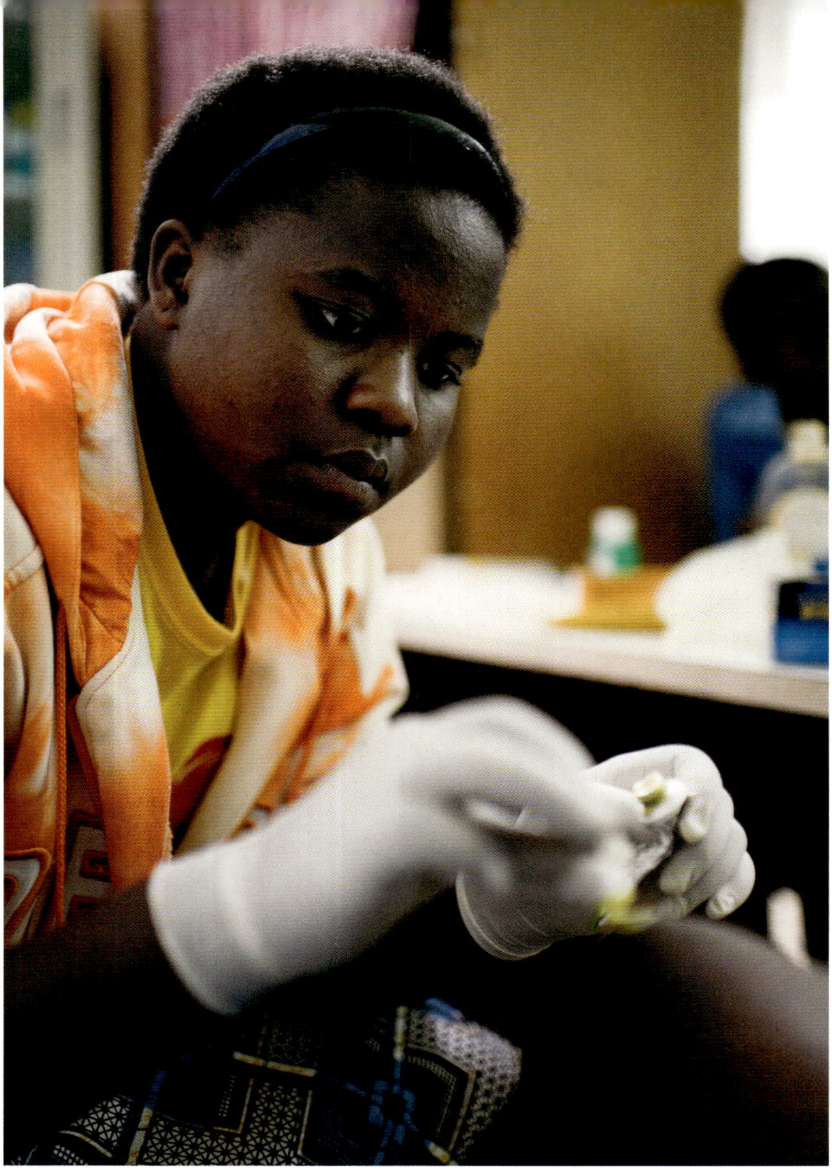

Ihr großer Traum ist es, einmal Ärztin zu werden – dafür arbeitet sie jeden Tag mit vollem Einsatz.

SCHON JETZT AHNT MAN, WAS FÜR EINE ÄRZTIN SIE EINMAL WERDEN WIRD.

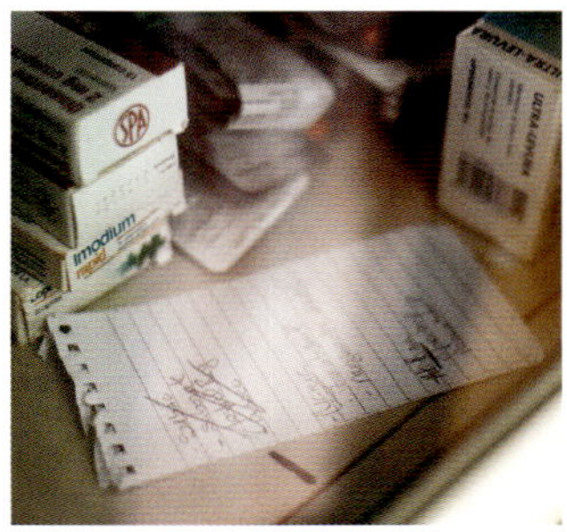

Die kleine Rosalia hat sich am Fuß verletzt – mit viel Geduld versorgt Maria Elisa die entzündete Wunde.

nach, wie es geht, was die Verletzungen machen, wie der Tag war. Dann betrachtet sie die Wunden, befühlt die schmerzhaften Stellen. Schon jetzt ahnt man, was für eine Ärztin sie wohl einmal werden wird

Rosalias Wunde am Fuß hat sich entzündet und muss desinfiziert werden. Maria Elisa nimmt ein Jodfläschchen aus dem Schrank. Sie weiß, was sie tut. Jede Ferien verbringt sie im Krankenhaus bei den Vinzentinerinnen. Dort bildet sie sich fort in Krankenpflege, Erster Hilfe und dem Umgang mit den Patienten. Rosalia zuckt zusammen, als der Tupfer ihren Spann berührt, aber sie heult nicht. Mit aufgerissenen Augen schlägt die Siebenjährige die Hand vor den Mund und lacht und stöhnt und brüllt lauthals: »Oioioi!« Alles grölt und biegt sich vor Lachen, und selbst Maria Elisa amüsiert sich königlich über den kleinen Feger Rosalia. Sie mag die Mädchen, sie liebt die Schwestern, sie ist gerne im Internat, trotz allen Heimwehs. Dann klebt sie Rosalia ein Pflaster auf den Fuß und gibt ihr einen zärtlichen Klaps auf den Po. Die Nächste bitte!

Constanze Bandowski (Text), Daniel Pilar (Fotografien)

SINGER

DORIS WEBBER, 45 SIERRA LEONE, WATERLOO

IHR EINSATZ FÜR DIE RECHTE DER FRAUEN IST LEIDENSCHAFTLICH, DENN DORIS WEISS AUS EIGENER ERFAHRUNG, WIE ERNIEDRIGEND ES SEIN KANN, WENN MAN IMMER NUR AM UNTEREN RAND DER GESELLSCHAFT LEBT.

Am frühen Nachmittag, wenn es in Sierra Leone richtig heiß wird, lassen die Lehrerinnen ihren Unterricht an der berufsbildenden Schule von Waterloo auf köstliche Art und Weise ausklingen: Die angehenden Köchinnen und Catering-Fachkräfte zeigen, was sie gelernt haben, und teilen Fischeintopf und Kochreis mit den übrigen Mädchen und jungen Frauen.

Mit dabei ist auch Doris Fatima Webber, die sich mit weiteren Angehörigen der Nichtregierungsorganisation Women Advocacy and Agricultural Development Organization (WAADO) um die Ausbildung kümmert. Sie soll den Schülerinnen, denen während der Bürgerkriegsjahre meist der Zugang zu Bildung verwehrt wurde, eine würdige Existenz ermöglichen. Sie steht gerne im Mittelpunkt. Gerade noch war sie im Gespräch mit den Schülerinnen zu Höchstform aufgelaufen.

Jetzt wirkt Doris Fatima Webber erschöpft. Doris weiß, dass ihr und ihren Weggefährtinnen der Kampf um die Gleichstellung in Sierra Leone noch viel Energie, Geduld und Beharrungsvermögen abverlangen wird. Sie holt einen Stuhl, um sich unter einem Schatten spendenden Akazienbaum zu entspannen. Sie verschränkt die Arme und signalisiert dem Gesprächspartner das Bedürfnis nach Distanz.

»Ich habe am eigenen Leib verspürt, was Frauen vor allem auf dem Land durchmachen müssen. Ihre Stimmen bleiben ungehört, weil man ihnen die Bildung verweigert. Sie kennen ihre Rechte nicht, harte Arbeit ist ihr tägliches Los, wie das in einer von Männern bestimmten Gesellschaft üblich ist«, stellt sie nüchtern fest. Um gegen diese Missstände anzugehen, hat die Frauenrechtsaktivistin 2007 in Waterloo die Entwicklungsorganisation WAADO ins Leben gerufen. »Wir wollen ein Zentrum gründen, das Frauen hilft, ihre Fähigkeiten und Neigungen auszubauen. Dabei sollen sie beraten werden, zudem brauchen wir eine Abteilung für Erwachsenenbildung.« In diesem Zentrum sollen Frauen auch über ihre Sorgen und Nöte berichten können, als Opfer häuslicher Gewalt seelischen sowie juristischen Beistand finden und notfalls auch kurzfristig wohnen können. Nicht mehr und nicht weniger verlangt Doris, die auf einmal sehr kämpferisch wirkt. Dass die Mutter dreier erwachsener Kinder einiges einstecken musste, lässt sich bereits an ihrem Lebenslauf ablesen. »Den Hochschulbesuch konnte sich meine Familie nicht leisten, ich musste Geld verdienen. So habe ich geräucherten Fisch gekauft und im Landesinneren auf den Märkten weiterverkauft«, erinnert sie sich. Dass Frauen in Sierra Leone systematisch ausgegrenzt und benachteiligt würden, habe sie von Anfang an gestört und immer mehr verärgert. Bei Fortbildungskursen, die verschiedene Nichtregierungsorganisationen angeboten haben, erwarb sie das nötige Rüstzeug als Lobbyistin. »Damals war ich alleinerziehend und musste mich um unseren Lebensunterhalt kümmern. Aber ich hatte stets ein festes Ziel vor Augen und habe mir den Weg dorthin frei gemacht«, bekräftigt sie.

Über die Bürgerkriegsjahre zu reden, bereitet ihr sichtlich Mühe, schlagartig verdüstern sich ihre Gesichtszüge. Als sich die Rebellen der brutalen »Revolutionären Vereinigten Front« (RUF) ihrem Wohnort näherten, flüchtete sie nach Freetown, fand im Stadtteil Juba Hills eine Unterkunft und hielt sich als Haushaltshilfe über Wasser. Als der Konflikt 2002 ein Ende fand, war Doris 35 Jahre alt. Sie kehrte

Die Schneidereikurse sind begehrt, denn als Schneiderinnen können sich die Frauen etwas hinzuverdienen.

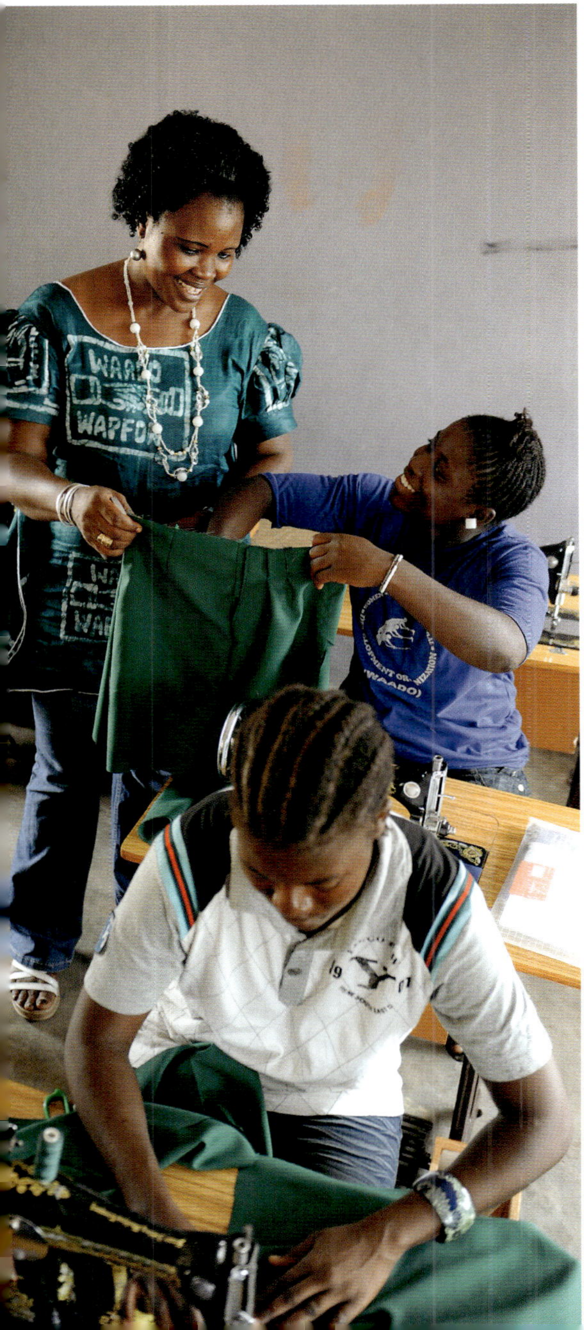

»ICH HABE AM EIGENEN LEIB VERSPÜRT, WAS FRAUEN VOR ALLEM AUF DEM LAND DURCHMACHEN MÜSSEN. IHRE STIMMEN BLEIBEN UNGEHÖRT, WEIL MAN IHNEN BILDUNG VERWEIGERT. SIE KENNEN IHRE RECHTE NICHT.«

Doris Webber ist eine selbstbewusste Frau, die ihre Schülerinnen mit ihrem Enthusiasmus mitreißt.

Doris Webber ist mit ihren 45 Jahren bereits Großmutter und kümmert sich um ihre Enkelin, die den gleichen Namen wie sie trägt: Doris.

Als sie im Jahr 2000 in ihren Heimatort Waterloo zurückkehrte, fand sie ihr Haus in Trümmern. Es dauerte viele Jahre, bis sie wieder ein Zuhause hatte.

»GEBILDETE FRAUEN SIND SELBSTBEWUSST, SIE KENNEN IHRE RECHTE UND LASSEN SICH NICHT MEHR ALLES GEFALLEN.«

nach Waterloo zurück und fand ihr Haus in Trümmern. Wählerisch zu sein, konnte sie sich nicht erlauben, und so verdingte sie sich als Kindermädchen. »Im Wald habe ich Brennholz gesammelt, um es im Ort zu verkaufen, das waren jedes Mal fast zehn Kilometer Fußweg hin und zurück«, erinnert sie sich.

Ihr eigenes Los befeuerte ihre Leidenschaft erneut. Doris volontierte beim Roten Kreuz und kümmerte sich dann freiwillig um Schulabbrecherinnen: »Damit habe ich auf eigene Faust angefangen, niemand hat dabei geholfen.« Schließlich fand sie eine bezahlte Stelle bei einer Hilfsorganisation. Heute beteiligt sie sich als Ratgeberin bei Sendungen des lokalen Radio Lion Mountain. »Ich versuche den Frauen weiterzuhelfen, gebe Tipps, wie sie sich am besten verhalten«, sagt sie. Wenn der Fall zu kompliziert sei, bietet sie eine persönliche Aussprache an und besorgt notfalls kostenlosen Rechtsbeistand. »Von ihren Rechten haben sie meist wenig Ahnung«, sagt Doris. »Ich kläre sie dann auf, mache ihnen Mut.«

An den Weltfrauentag am 8. März 2007 erinnert sich Doris mit Ehrfurcht: »Hunderte haben sich damals in Freetown zu einer Kundgebung versammelt und gefordert, dass die im Parlament verabschiedeten Gleichstellungsgesetze, die Frauen mehr Rechte zubilligen, zügig in Kraft treten.« Kurz darauf erfolgte dies tatsächlich, doch an der Umsetzung mangelt es bis heute.

Inzwischen kennt man Doris auch als wortgewaltige Teilnehmerin bei Talkshows im Fernsehen, Bildung ist dabei ihr Hauptanliegen. »Gebildete Frauen sind selbstbewusst, sie kennen ihre Rechte und lassen sich nicht mehr alles gefallen«, lautet ihr Credo. Es gibt auch ein Leben nach der Arbeit: Für Doris liegt dieses Vergnügen nahe der Gemeinde York am Meer, ein Ort, an dem sie sich gerne abends bei Ebbe aufhält. »Es ist herrlich ruhig hier, da kann ich mich erholen«, bekennt sie und wirkt dabei das erste Mal an diesem Tag wirklich entspannt.

Thomas Veser (Text), Jörg Böthling (Fotografien)

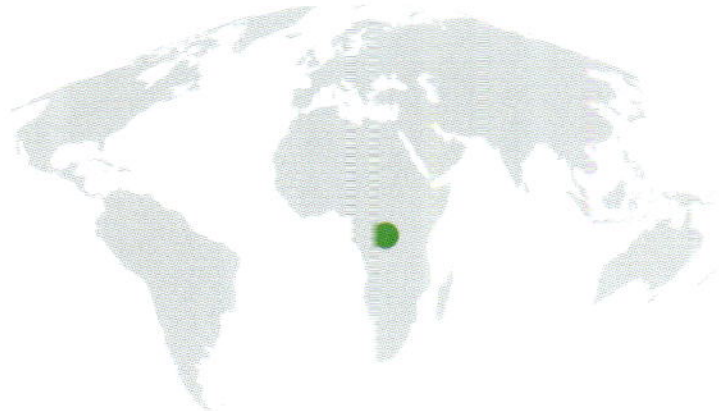

TANDEMA DIEUDONNE, 51 D. R. KONGO, BUNIA

ER IST SICHERHEITSBEAUFTRAGTER FÜR DIE WELTHUNGERHILFE, UND SEINE AUFGABE IST ES ZU VERMITTELN: TANDEMA ÜBERSETZT UND ERKLÄRT, BERUHIGT, VERSÖHNT, VERBINDET UND VERÄNDERT SO VIELES IN EINEM LAND, DAS IN CHAOS ZU VERSINKEN DROHT.

Es war im Jahr 2003. In der Zeit also, als der Bürgerkrieg im Kongo zwar offiziell beendet war, die Stadt Bunia im Osten des Landes aber immer noch schwer umkämpft wurde. Zusammen mit zwei Kollegen war Tandema Dieudonne – »der von Gott Gegebene«, wie sein Name übersetzt heißt – auf dem Rückweg in die 300.000-Einwohner-Stadt. Sie waren in Dörfern unterwegs, die am Tag zuvor von Rebellen überfallen und geplündert worden waren. Dort fanden sie drei Schwerverletzte, die sie auf der Ladefläche ihres Pick-up mitnahmen: zwei Frauen, eine 16 Jahre alt, die andere Mitte 20. Beide wurden mehrfach vergewaltigt – 20, 30 Mal vielleicht –, bevor die Milizen der einen den Arm und der anderen das Bein abhackten. Neben ihnen liegt ein Mann Anfang 20, der den beiden Frauen zu Hilfe kommen wollte. Dafür jagten die Milizen ihm eine Kugel in den Kopf.
An einer Straßensperre ziehen Bewaffnete Tandema Dieudonne und seine zwei Kollegen aus dem Auto. Sie zielen mit Kalaschnikows auf sie, die man inklusive zweier geladener Magazine überall im Kongo für 35 Dollar kaufen kann. Geld, Handys und die Armbanduhren nehmen sie ihnen ab. Dann müssen sich die Männer – entkleidet bis auf die Unterhosen – in den Schlamm knien. Dort am Straßenrand sollen sie sterben. Exekutiert von machtbesessenen Milizen. Weil sie einer anderen Volksgruppe angehören. Und weil sie zum falschen Zeitpunkt die Straße passieren wollten.

Politische Konflikte im Lande führen im Kongo seit Jahren immer wieder zu Unruhen.

Früher arbeitete der 51-Jährige als Lehrer an einer belgischen Missionsschule.

Die beiden Söhne Dido und Gloire leben noch im Haus, während seine beiden Töchter das Internat besuchen.

Tandema Dieudonne erzählt diese Geschichte nicht gerne. Denn sie zeigt ein dunkles, hoffnungsloses Land, das in Krieg und Chaos, in Gesetzlosigkeit, Gewalt und Brutalität versinkt. Ein Land, das durch Vergewaltigungen und die Jagd nach Bodenschätzen Schlagzeilen macht. Es zeigt Menschen ohne jegliche Moral und Anstand, die sich irgendwie durchs Leben mogeln.

Dieses Bild eines ewigen Katastrophengebietes, das die Welt von der Demokratischen Republik Kongo hat, sagt der 51-Jährige, möchte er gerne ändern. Deshalb bleibt der gelernte Gymnasiallehrer für Mathematik und Biologie, der früher an einer belgischen Missionsschule gearbeitet hat, im Kongo. Er lebt ein paar Kilometer außerhalb der Stadt Bunia. Dort wo die Luft besser ist und die Nachbarn freundlich sind. Mit seiner Frau und den vier Kindern wohnt er in einem einfachen, kleinen Haus aus Lehmziegeln. Der Hof ist sauber gefegt, der Mangobaum trägt die ersten Früchte dieses Jahres. Hinter dem Haus wachsen Bohnen und Bananen, ein paar Hühner picken im Staub. Seine beiden Söhne Dido (9) und Gloire (4) sind an diesem Vormittag zu Hause, die beiden Töchter, 12 und 14 Jahre alt, im Internat. Sie besuchen eine Missionsschule. »Das ist wichtig«, sagt Tandema Dieudonne, »auch für Mädchen.«

Schule bedeutet Wohlstand im Kongo. Denn die meisten Eltern können sich die paar Dollar nicht leisten, die der Schulbesuch im Monat kostet. Nur wer für den Lehrer zahlen kann – und sei es mit einem Huhn –, hat Zugang zur Bildung in dem Land, in dem der Staat nicht funktioniert und jede Art von Infrastruktur fehlt. Tandema Dieudonne hat ein Moped und einen festen Job, für den er regelmäßig Lohn bekommt. Auch das ist ungewöhnlich. »Und es schürt den Neid«, sagt er. Oft stehen Nachbarn vor der Tür, die um Essen betteln. Oder Freunde, die ihren Sohn bei Tandema Dieudonne abliefern wollen, damit er ihn wie seine eigenen Kinder zur Schule schickt. »Dann mache ich ihnen klar, dass es für uns alle gut ist, wenn ich für die Europäer arbeite«, sagt er. »Denn wenn die ausländischen Helfer bleiben, profitieren alle Kongolesen davon.« Tandema Dieudonne ist ein Vermittler zwischen Europa und Afrika. Er geht in die Dörfer, spricht mit den Verantwortlichen,

»ICH WILL DENEN HELFEN,
DIE UNSER LAND AUFBAUEN.«

klärt die Sicherheitslage. Und er tut das auf eine ruhige, bedächtige, seriöse Art und Weise. Die schwarzen Lederschuhe sind immer sauber geputzt, sein Händedruck ist fest. »Ich wollte nicht mehr als Lehrer arbeiten«, erzählt er, »als die einstigen belgischen Kolonialherren 1999 alle Missionsschulen schlossen.« An den kongolesischen Schulen herrschte Chaos, die Lehrer wurden nicht mehr bezahlt, die Gebäude verfielen, der Unterricht fand nur sporadisch statt. »Ich will denen helfen, die unser Land aufbauen«, sagt Tandema Dieudonne.

Schon in seiner Zeit als Lehrer fängt er an, sich ein Netzwerk aufzubauen mit Politikern, den Militärs und den Rebellen. Viele der Aufständischen sind mit ihm aufgewachsen, andere hatte er als Schüler. 2002 dann klopfen innerhalb weniger Tage mehrere Hilfsorganisationen bei ihm an. Sie alle haben von dem hochgewachsenen, ruhigen Mann gehört, der gut englisch spricht und Kontakte zu allen Volksgruppen des Landes hat. Auch die französische Armee will ihn als Übersetzer engagieren. Kein Militär, keine Gewalt: »Ich bin ein humanitärer Helfer«, sagt Tandema Dieudonne, »und schlage mich auf keine Seite.«

Das ist bis heute so. Und das rettet ihn immer wieder, auch in durchaus gefährlichen Situationen. Wie damals, am Straßenrand. Die Milizen nämlich hören plötzlich das Stöhnen der drei Schwerverletzten auf der Ladefläche des Pick-up. Sie stellen fest, dass die drei ihrem eigenen Volksstamm angehören. Jetzt glauben sie Tandema Dieudonne, dass er nichts will außer helfen. Sie lassen ihn fahren.

Die Verletzten überleben. Alle drei.

Andrea Kümpfbeck (Text), Jens Grossmann (Fotografien)

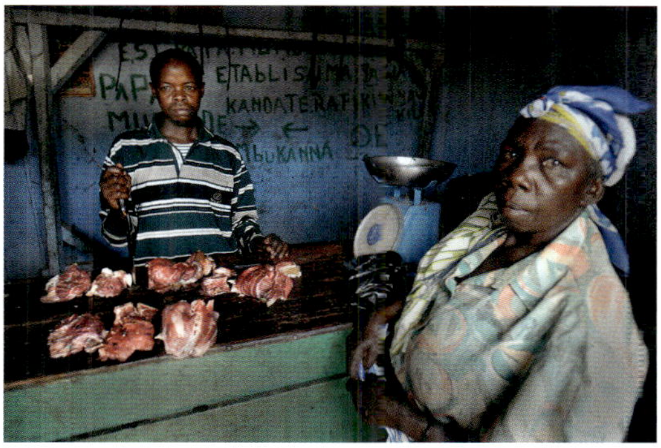

Eine Metzgerei auf dem Markt in Bunia.

Tandema Dieudonne arbeitet für die Kinder im Kongo, die einmal ein besseres Leben haben sollen.

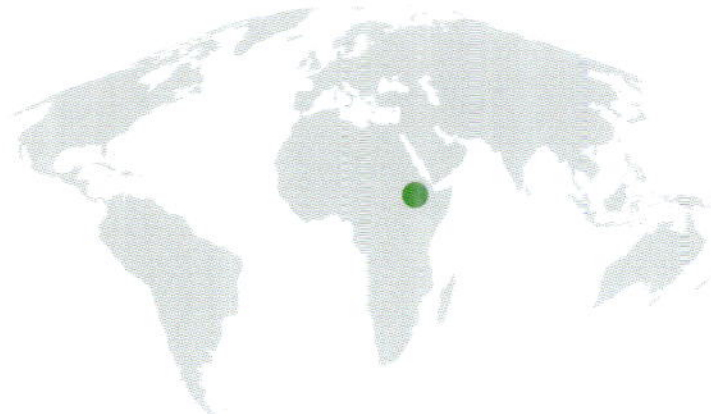

TSIGEE WORKU, 32 ÄTHIOPIEN, ARSI NEGELLE

IMMER WUSSTEN ANDERE, WAS FÜR TSIGEE WORKU GUT WAR. MEIST WAR ES SCHLECHT FÜR SIE. SEIT SIEBEN JAHREN BESTIMMT DIE BÄUERIN AUS DEM SÜDEN ÄTHIOPIENS SELBST. UND DAS IST ENDLICH NICHT NUR GUT FÜR SIE, SONDERN FÜR IHR GANZES DORF.

Als Tsigee 15 Jahre alt war, entschied ihr Vater für seine Tochter, dass es gut für sie sei, einen älteren Mann zu heiraten, den sie nicht liebte. Dieser Mann entschied, dass es gut für die fleißige Schülerin sei, nicht weiter zur Schule zu gehen. Wozu sollte sie mehr wissen als er? Für sie sei es besser, mit dem auf den Rücken geschnallten Kanister in stundenlangen Märschen Wasser für ihn und die Kinder, die sie ihm gebären sollte, zu holen. Er entschied, dass es für Tsigee gut sei, den größten Teil der Arbeit auf dem Feld und im Haus zu machen. Er entschied, dass es gut sei, dass sie und die Kinder ab und zu von ihm geschlagen würden. Vor sieben Jahren starb der Mann, der es immer nur gut meinte. Tsigees Leben begann.

»Als ich klein war, habe ich immer davon geträumt, Ärztin zu werden. Aber andere wollten das offensichtlich nicht«, erzählt sie. Auch wenn ihr Traum jahrelang unerreichbar schien, hat Tsigee ihn nie vergessen. Nach dem Tod ihres Mannes meldete die vierfache Mutter, die glaubt, dass sie 32 Jahre alt ist, sich wieder in der Schule an, um doch noch die Hochschulreife zu erreichen. Ihr Mann hätte das nie erlaubt. Tagsüber pflügte die Bäuerin ihr kleines Feld mit dem vom Ochsen gezogenen Holzpflug, erntete Hirse, Gerste und Mais, melkte ihre vier Kühe, holte Wasser aus dem Fluss, machte Honig. Nachts, wenn ihre drei Söhne und ihre Tochter schliefen, büffelte die Schülerin. Nach einem Jahr schaffte sie die Abschlussprüfung der achten Klasse – und musste dennoch aufgeben. Die starke Tsigee musste einsehen

Tsigee Worku ist stolz darauf, als Vorsitzende des Wasserkomitees in ihrer Gemeinde etwas bewegen zu können.

»FRÜHER HABEN WIR DAS WASSER AUS DEM FLUSS GEHOLT. ES WAR KEIN GUTES WASSER. VOR ALLEM UNSERE KINDER WAREN STÄNDIG KRANK.«

dass selbst sie sich zu viel vorgenommen hatte, dass entweder die Kinder oder die Schule zu kurz kommen würden. Sie entschied sich gegen die Schule, für ihre Kinder.

»Der Entschluss ist mir nicht leicht gefallen, aber es war gut, weil ich es selbst entschieden habe. Meine Kinder sollen es einmal besser haben als ich«, sagt die alleinerziehende Mutter. Als sie das erste Mal die Schule abbrechen musste, durften ihre Freundinnen weiter zum Unterricht gehen, heute haben sie gute Jobs. Nun sollen Tsigees Kinder erreichen, was ihr verwehrt wurde. Der 16-jährige Chala, ihr Ältester, soll Ingenieur werden, Abisa Lehrer, Bayhisa Arzt und Jalene, ihre 7-jährige Tochter, Frauenministerin, damit äthiopische Mädchen und Frauen in Zukunft selbst entscheiden können, was gut für sie ist. Politik liegt Tsigees Familie im Blut. Einer ihrer Brüder hat es bis zum stellvertretenden äthiopischen Gesundheitsminister gebracht. »Das hätte ich auch geschafft, hätte man mich nur gelassen«, ist die Schwester von fünf Brüdern sich sicher.

Lange war ihr Leben ein Leben verpasster Chancen, doch sie ist darüber nie verbittert. Vor allem wenn sie über ihre Kinder spricht, unterbricht immer wieder ein tiefes Lachen ihre Erzählungen. »Gott möchte nicht, dass ich traurig bin. Er will, dass ich glücklich bin. Und irgendwie glaube ich immer noch, dass alles gut wird«, sagt die Bäuerin. Und damit alles gut wird, faltet Tsigee ihre langen, kräftigen Finger nicht nur regelmäßig zum Gebet, sie nimmt die Sachen selbst in die Hand. Vor drei Jahren wurde sie in den Vorstand des Wasserkomitees ihrer Gemeinde Argedashaldo gewählt. Zusammen mit ihren Kollegen sorgt sie dafür, dass die Quelleinfassungen, Leitungen und Wasserkioske, die die Welthungerhilfe mit den Bewohnern der Region Arsi Negelle und einer Partnerorganisation errichtet hat, instand gehalten werden. Tsigee, die schon in der Schule gerne gerechnet hat, ist die Buchhalterin. »Im letzten Monat haben wir durch den Verkauf von Trinkwasser 22.540 Birr und 25 Cent eingenommen«, berichtet sie stolz. Sie muss die Zahl nicht

Umgerechnet einen Euro-Cent kosten 50 Liter sauberes Trinkwasser am Wasserkiosk in Arsi Negelle.

»GOTT MÖCHTE NICHT, DASS ICH TRAURIG BIN. ER WILL, DASS ICH GLÜCKLICH BIN. UND IRGENDWIE GLAUBE ICH IMMER NOCH, DASS ALLES GUT WIRD.«

nachschauen, sie hat sie im Kopf. Das sind 966,87 Euro. Von dem Geld zahlt das Wasserkomitee unter anderem die Frauen, die das Wasser an den Kiosken ausgeben, und baut das Versorgungsnetz weiter aus.

Seitdem die Menschen aus der Region 50 Liter sauberes Wasser für umgerechnet rund einen Cent kaufen können, hat sich nicht nur Tsigees Leben verändert. »Früher haben wir das Wasser aus dem Fluss geholt. Es war kein gutes Wasser. Vor allem unsere Kinder waren ständig krank«, erinnert sich die Mutter an die Zeit, die erst ein Jahr zurückliegt. Sie kennt Geschichten von Kindern und Babys, die gestorben sind, weil ihre Eltern nicht wussten, wie man Wasser sauber hält. Jetzt geht sie von Haus zu Haus und gibt Hygienetipps. Seitdem ist kein Baby mehr an verschmutztem Wasser gestorben. Auch für die Sicherheit der Mädchen und Frauen sind die Kioske von Nutzen, denn so laufen jene nicht mehr Gefahr, auf den stundenlangen Märschen zur nächsten Wasserstelle überfallen und vergewaltigt zu werden. Mit dem Wasserkomitee sorgt sie jetzt dafür, dass bald kein Haushalt mehr weiter als eine Viertelstunde vom nächsten Wasserkiosk entfernt liegt.

Zum ersten Mal seit Langem ist Tsigee richtig stolz auf das, was sie erreicht hat. Auch wenn sie nicht Ärztin geworden ist.

Philipp Hedemann (Text), Michael Tsegaye (Fotografien)

Für ihre siebenjährige Tochter Jalene hat Tsigee Worku große Pläne: Sie soll einmal Frauenministerin werden.

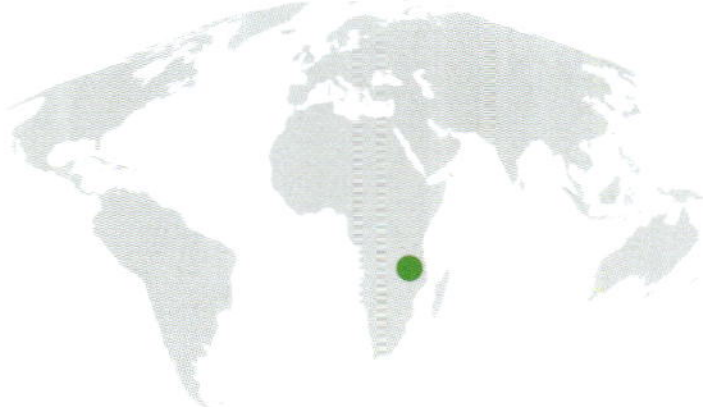

MANUELA SOEIRO, 66, MOSAMBIK, MAPUTO

THEATER KANN DIE WELT VERBESSERN, UND DAS THEATER IST DIE MISSION DER 66-JÄHRIGEN INTENDANTIN, DIE SICH INMITTEN DER METROPOLE IHR PARADIES GESCHAFFEN HAT.

Der Garten von Manuela Soeiro ist eine wahre Oase inmitten der mosambikanischen Großstadt Maputo: Hinter einer mannshohen Mauer wachsen üppige Bananenstauden. Palmenwedel ragen in den Himmel, Kakteen und Flechten zieren die sorgfältig angelegten Steingärten und Wege. »Das hier ist mein Traum«, schwärmt Manuela Soeiro, nachdem sie das Tor aufgeschlossen hat. Die Theaterdirektorin betritt ihr Paradies wie eine Bühne, sie breitet die Arme aus, lässt ihren Blick über das Gelände streifen und strahlt wie eine Sonnengöttin. »Jeder Mensch sollte seine eigene Mission verfolgen, das gibt dem Leben erst Farbe«, meint die 66 Jahre alte Intendantin des berühmten Teatro Avenida. Ihre Mission ist das Theater, ein Theater, in dem sie für Solidarität und Gerechtigkeit kämpft, ein Theater, das Missstände aufdeckt und Perspektiven zeigt. »Theater ist in diesem Land immer politisch«, sagt die kleine Frau, die kaum einen Meter sechzig misst, aber mehr Energie hat als manch junger Hip-Hopper ihrer wechselnden Gastensembles. Nie im Leben fiele ihr ein, ihre Heimat zu verlassen. Viel zu groß ist die Sehnsucht, eine gerechte Gesellschaft in ihrem gebeutelten Land zu schaffen. »Das große Problem meines Landes ist, dass wir über 500 Jahre lang portugiesische Kolonie waren«, sagt Manuela Soeiro im kühlen Schatten des Rohbaus, in dem unter anderem die fantastischen Holzschnitzarbeiten der Makonde aus dem Norden zu bewundern sein werden. »Während all dieser Jahre wurde die mosambikanische Geschichte nicht erzählt.« Genau diese Geschichte erzählen ihre Theaterstücke:

Es hat Jahre gedauert, bis das verfallene Theatergebäude renoviert war.

»JEDER MENSCH SOLLTE SEINE EIGENE MISSION VERFOLGEN, DAS GIBT DEM LEBEN ERST FARBE.«

»Donna Manuela«, wie sie hier alle nennen, setzt sich für ihr Land ein. Mit ihrer Theaterarbeit will sie auf Missstände aufmerksam machen und Perspektiven aufzeigen.

Gemeinsam mit ihren wechselnden Ensembles probt Manuela Soeiro die unterschiedlichsten Theaterstücke und scheut auch vor europäischen Klassikern wie Ibsens »Hedda Gabler« nicht zurück.

Sie handeln von den vielen Völkern des Landes, ihren kulturellen Schätzen, der Unterdrückung durch die Kolonialherren, der Versklavung der Minenarbeiter, die in Südafrika die Reichtümer der weißen Oberschicht scheffeln mussten. Es geht um Ausbeutung, Aids und den unerschütterlichen Glauben an Veränderung.
Manuela Soeiro wuchs in armen Verhältnissen auf der nördlichen Insel Ibo auf. Ihre Familie hat griechische, jüdische und afrikanische Wurzeln. Der Vater arbeitete als Schreiner für die portugiesische Kolonialverwaltung, kritisierte jedoch ständig die herrschenden Machtverhältnisse. Manuelas Mutter war Hausfrau.
Die Eltern konnten ihre sechs Kinder kaum satt bekommen, aber ihre Kindheit hat Manuela Soeiro dennoch in guter Erinnerung. »Mein Vater war ein Geschichtenerzähler«, sagt sie. Stundenlang hörte sie ihm als kleines Mädchen zu, und in ihrer Stimme liegt noch heute Bewunderung, wenn sie berichtet, wie sich ihr Vater gegen die portugiesischen Machthaber auflehnte: »Wenn der Bürgermeister ihn auf Portugiesisch ansprach, so antwortete er grundsätzlich in Kimuwane.«
Den zivilen Ungehorsam und die Vorliebe fürs Geschichtenerzählen hat Manuela Soeiro von ihrem Vater geerbt. Im katholischen Mädcheninternat »Maria Auxiliadora« in Namaacha machte sie die leitenden Schwestern mit ihren spontanen und wenig religiösen Ideen verrückt. Später studierte sie Pädagogik und Sport, begeisterte sich für den sozialistischen Freiheitskampf der mosambikanischen Helden Eduardo Mondlane und Samora Machel und machte in den armen Stadtteilen Straßentheater, um den Menschen die Augen zu öffnen. Die Stücke waren schon damals brandaktuell. Wie heute thematisierten sie Korruption, häusliche Gewalt,

Geld ist im Teatro Avenida immer knapp – wie in so vielen Theatern dieser Welt.

Sexualität, Machtmissbrauch. Mit diesen Inhalten erreicht Manuela Soeiro noch immer die breite Masse: Analphabeten, Arbeitslose, Kinder, Jugendliche und vor allem Frauen.

Einige Zeit verbrachte sie im tansanischen Exil. Darüber spricht die zweifache Mutter und Großmutter wenig, über die Zeit danach umso mehr: Mit der Unabhängigkeit und dem Wahlsieg der sozialistischen Unabhängigkeitsbewegung FRELIMO (Frente da Libertação de Moçambique) 1975 war die Vision einer gerechten und solidarischen Gesellschaft zum Greifen nah. Der Traum eines professionellen Theaters nahm kurze Zeit später konkrete Formen an.

Das älteste Theatergebäude der Hauptstadt Maputo stand nach der Unabhängigkeit leer. Die portugiesischen Besitzer waren geflohen, und Manuela Soeiro zog mit ihrer Hobbytruppe ein. »Alles stand unter Wasser«, erinnert sie sich. »Der gesamte Zuschauerraum war kaputt, man konnte nur von der Bühne aus zuschauen.«

Aber sie hatte ein echtes Theater. Um an Geld zu kommen, nähte und verkaufte sie Kleider. Ihre Laiengruppe trat überall in der Stadt auf: in Schulen, Gefängnissen und auf der Straße. Ab und zu erhielten sie Geld, Stück für Stück renovierten sie das Gebäude. 1986 gründete Manuela Soeiro das erste professionelle Ensemble der Republik, vier Jahre später eröffnete sie mitten im Bürgerkrieg eine kleine Bäckerei, um Geld für das Theater zu erwirtschaften.

Heute ist Mosambik befriedet. Die FRELIMO regiert noch immer das Land, aber von den alten Werten wie Solidarität und Gerechtigkeit ist die Gesellschaft weit entfernt. 20 Jahre nach Ende des Bürgerkriegs gehört Mosambik zu den ärmsten Staaten der Welt. Die Lebenserwartung liegt bei 48 Jahren. Armut und Aids nagen am sozialen Gefüge. Und Manuela Soeiro kämpft weiter für Chancengleichheit und eine lebendige Kultur. »Donna Manuela ist aus Mosambik nicht wegzudenken«, meint Birgit Plank-Mucavele. Die Leiterin des Goethe-Zentrums Maputo ist

ARMUT UND AIDS NAGEN AM SOZIALEN GEFÜGE. MANUELA SOEIRO KÄMPFT WEITER FÜR CHANCEN-GLEICHHEIT UND EINE LEBENDIGE KULTUR.

Zu Beginn nähte Manuela Soeiro alle Kostüme selbst, um Geld für die Renovierung des Theaters zu sparen. Heute gibt es einen stattlichen Fundus, aus dem man sich bedienen kann.

»ES IST MIR EIN GROSSES ANLIEGEN, DIE MOSAMBIKANISCHE KUNST UND KULTUR ZU FÖRDERN UND ZU BEWAHREN.«

Kreatives Chaos: Im Requisitenraum werden alle für die Aufführungen benötigten Utensilien gesammelt.

Freundin und Fan der mosambikanischen Theaterkoryphäe. »Sie ist unsere Aktivistin!« »Donna Manuela« hält die alten Werte hoch, fördert Kultur, wo sie nur kann, und setzt sich für junge Künstler ein. Zum Beispiel mit ihrem Zentrum für traditionelle Kulturen, mit dessen Café und Verkaufsräumen sie neben Ausstellung, Dokumentation und Forschung auch Geld für Kunstschaffende eintreiben will.
»Es ist mir ein großes Anliegen, die mosambikanische Kunst und Kultur zu fördern und zu bewahren«, sagt sie auf ihrer Baustelle. Staatliche Zuschüsse bekommt sie weder für ihr kleines Paradies noch für das Teatro Avenida.
Das Theater ist inzwischen international bekannt, nicht zuletzt durch die Kooperation mit Henning Mankell. Den schwedischen Schriftsteller und Dramaturg lernte Manuela Soeiro Mitte der 80er-Jahre kennen. Seitdem arbeiten die beiden eng zusammen. Sie setzt traditionelle mosambikanische Themen um, er inszeniert europäische Klassiker wie Ibsens »Hedda Gabler« oder Büchners »Woyzeck« in Maputo. Die Stücke haben mit den Originalen wenig zu tun, aber die Hauptthemen wie Korruption, gesellschaftliche Missstände oder ungleiche Geschlechterverhältnisse bleiben erhalten.
»Ich hasse Routine«, sagt Manuela Soeiro, berührt mit dem Handrücken theatralisch die Stirn und stößt einen hauchzarten Seufzer aus. Dann grinst sie, breit und genüsslich. Mit größter Hingabe malt sie ihren letzten Traum aus: »Wenn ich mal sterbe, lasse ich mich sitzend begraben. Irgendwann wird die Wissenschaft neue Techniken entwickelt haben, um Tote wiederzubeleben. Wenn ich dann sitze, komme ich viel schneller wieder hoch, als wenn ich im Sarg liege.« Fast haut sie sich auf die Schenkel vor Vergnügen. Sie lacht und gluckst und freut sich wie ein Lausebengel über den gelungenen Witz. Selbst der Tod leuchtet bei Donna Manuela in bunten Farben.

Constanze Bandowski (Text), Daniel Pilar (Fotografien)

J15

HENNING MANKELL

NOCH IST DAS MONSTER DES KOLONIALISMUS NUR SCHEINTOT

Heute sprechen wir von den nordafrikanischen Revolten, als handele es sich um ein Phänomen, das nur diesen Teil des afrikanischen Kontinents betrifft. Auf längere Sicht wird sich das als Vereinfachung erweisen. Die Revolten werden die Sahara nach Süden überschreiten und sich in alle übrigen Himmelsrichtungen ausbreiten. Wie sie im Einzelnen ablaufen werden, vermag niemand zu sagen. Afrika ist ein gigantischer Kontinent mit mehr als 50 Ländern, einige davon so groß wie ganz Westeuropa. Erfahrung und Inspiration kann man importieren und exportieren, aber jede Revolution muss auf den spezifischen Gegebenheiten des jeweiligen Landes aufbauen.
Natürlich kann man keineswegs mit Sicherheit behaupten, dass Revolten wie die in Nordafrika in allen afrikanischen Ländern ausbrechen werden. Das kann auch ich nicht. Aber aufs Ganze gesehen glaube ich, dass Afrika vor einer Entwicklung steht, die man als »Revolution der zweiten Generation« bezeichnen kann. Der erste Schritt aus dem Kolonialismus umfasste den Kampf für nationale Freiheit, die politische Befreiung. Aber in vielen Fällen sind große Teile der wirtschaftlichen Macht in den Händen der ehemaligen Kolonialherren verblieben. Eine Befreiung, ohne dass ein Land die Kontrolle über seine Wirtschaft erhält, ist nur ein halbfertiger Himmel.

Sambia ist dafür ein ausgezeichnetes Beispiel.
Als Nordrhodesien Anfang der 1960er-Jahre die politische Freiheit und Selbstständigkeit zuerkannt wurde, achteten die

Briten sorgsam darauf, dass sie die wirtschaftliche Macht behielten, vor allem über die profitablen Kupfergruben im Norden. Man wusste, dass wer die wirtschaftliche Macht innehat, im Grunde auch die politische Lage beherrscht. Erst jetzt, über 40 Jahre später, deutet sich die Vollendung eines Freiheitskampfes an, der eine Generation zuvor begonnen wurde.

Aber um zum nordafrikanischen Frühling zurückzukehren: Es spricht nichts dafür, dass Aufruhr und Revolten hier ausschließlich positive Auswirkungen haben werden. Gerade jetzt, da ich dies schreibe, Anfang Juli 2012, mache ich mir Gedanken über das, was in Timbuktu in Mali geschieht. Dort haben fundamentalistische Muslime alte Bauwerke und Heiligengräber zerstört, die in ihren Augen eine Schmähung des Islam darstellen. Das ruft natürlich hässliche Erinnerungen an die Buddhastatuen wach, die von den Taliban gesprengt wurden, als diese in Afghanistan an der Macht waren. Am meisten Sorge macht mir die Tatsache, dass es unmöglich sein wird, den unerhörten Schatz von 1000 Jahre alten Manuskripten, die in Timbuktu aufbewahrt werden, zu schützen. Dies geht alle Menschen auf der Welt an, handelt es sich doch um ein Kulturerbe, das der Menschheit als ganzer gehört. Doch grundsätzlich kann man feststellen, dass die Revolten wichtig für die Zukunft Afrikas sind und weitreichende Konsequenzen haben werden. Die Anzahl der Diktaturen auf dem Kontinent ist in den letzten 10 bis 15 Jahren geringer geworden, während in immer mehr Ländern mehr oder weniger zaghafte Versuche unternommen werden, politische Demokratien zu etablieren.

Mosambik ist das afrikanische Land, das ich am besten kenne. Seit bald 30 Jahren verbringe ich dort regelmäßig einen Teil meiner Zeit. Eine Generation, mein halbes Leben. Als ich zum ersten Mal in Mosambik ankam, befand sich das Land in einem grausamen Bürgerkrieg. Gedungene Mörder- und Söldnerbanden – von Südrhodesien (damals noch nicht Zimbabwe) und dem südafrikanischen Apartheidsstaat finanziert – wüteten im Land. Ihr Ziel war es nicht primär, die Macht zu erobern, sondern das Land für eine legale Regierung unregierbar zu machen.

Es war eine Zeit, in der an allem Mangel herrschte. Eine Erinnerung aus jenen Jahren, es war Mitte der 1980er-Jahre, als ich angefangen hatte, am Teatro Avenido in Maputo zu arbeiten, dem einzigen professionellen Theater im Land, ist noch immer sehr präsent. Ich wunderte mich darüber, dass die Schauspieler, die alle jung waren, so schnell müde wurden. Wenn unsere Proben um zehn Uhr begannen, waren sie um halb eins schon erschöpft. Bis mir plötzlich mit eisiger Klarheit die Erkenntnis kam: Sie hatten Hunger. Sie hatten nicht genug zu essen. Ich schämte mich meiner Unfähigkeit, dies zu erkennen. Wir sorgten dann für eine Suppenpause gegen Mittag, und die Müdigkeit verschwand. Manchmal saß ich vor dem Theater und betrachtete die Menschen, die vorübergingen. Fast keiner hatte Schuhe an den Füßen.

GROSSE TEILE DER WIRTSCHAFTLICHEN MACHT SIND IN DEN HÄNDEN DER EHEMALIGEN KOLONIALHERREN VERBLIEBEN.

Heute ist der Krieg seit Langem vorbei. Abgeschlagene Ohren und Nasen wachsen nicht nach. Aber es sterben keine Menschen mehr. Eines Tages, einige Jahre nach der Unterzeichnung des Friedensabkommens in Rom Anfang der 1990er-Jahre, entdeckte ich, dass die Menschen angefangen hatten, ihre kleinen Häuser neu zu streichen. Ich begriff: Die Menschen glaubten, der Friede würde sich als haltbar erweisen. Niemand, der glaubt, dass es Krieg gibt, malt sein Haus neu an.

Wenn ich heute danach gefragt werde, antworte ich, dass Mosambik ein einziges Problem hat: die Armut, die die Menschen noch immer in ihrem eisernen Klammergriff hält. Zwar geht es vielen besser. Das betrifft nicht nur Essen, Kleidung und Schuhzeug, sondern auch Schul- und Gesundheitswesen. Aber die positive Entwicklung bleibt oft auf die größeren Städte beschränkt. Oder es sind die ohnehin schon Reichen, die noch reicher werden. Man sieht es nicht zuletzt am herrschenden Bauboom. Überall wird gebaut. Aber was wird gebaut? Große Hotels, Kaufhäuser, Einkaufszentren, neue Ministerien, Luxusvillen. Doch kaum einmal Wohnungen für gewöhnliche Leute.

Ich kenne in Mosambik kein grundlegendes Problem, das nicht direkt mit der Armut verknüpft ist. Ausbildungsmangel, Hygiene, Gesundheitsfürsorge, kurz: Die Entwicklung der Zivilgesellschaft ist ganz und gar von einer mit Mängeln behafteten finanziellen Versorgung abhängig. Von dem »armen Afrika« zu sprechen, ist eine taktlose Umschreibung der Realitäten: Die allermeisten Länder Afrikas sind »verarmt worden«. Sie sind von einem rücksichtslosen Kolonialismus arm gemacht worden, dessen Erbe noch immer lebendig ist, auch wenn die politische Selbstständigkeit heute für 99 Prozent des Kontinents ein Faktum ist.

IN IMMER MEHR AFRIKANISCHEN LÄNDERN WERDEN VERSUCHE UNTERNOMMEN, POLITISCHE DEMOKRATIEN ZU ETABLIEREN.

Die Armut schafft notwendigerweise Unzufriedenheit. Es wird geflüstert und verflucht in den armen Wohngebieten, die unaufhörlich um die alten kolonialen Stadtkerne herum aus dem Boden wachsen. Zweifellos hat die Macht große Ohren, die genau dieses Rumoren in den Wohnvierteln der Armen genauestens registrieren. Die Wahrheit ist ja, dass Armut sich erst durch die Anwesenheit von Reichtum bemerkbar macht. Ich habe beispielsweise noch nie so viele Luxusautos gesehen wie in den zentralen Straßen von Maputo. Und gewöhnliche Leute sehen, was sie sehen. Und sie wissen, wer diese Autos besitzt. Während sie selbst kaum davon träumen können, sich einmal ein gebrauchtes Moped zu leisten.

Dann und wann brechen kleinere Revolten gegen erhöhte Brot- oder Benzinpreise aus. Ich bin also ganz sicher, dass die gegenwärtige Regierung ein wachsames Auge auf alles hat, was in Nordafrika geschieht, und sich Strategien zurechtlegt, um rasch alle Kommunikationen stoppen zu können, für den Fall, dass große und gut organisierte Demonstrationen der Unzufriedenheit um sich greifen. Die Aufstände in Nordafrika haben uns mit aller wünschenswerten

Deutlichkeit vor Augen geführt, was Mobiltelefone und das Internet im zukünftigen politischen Ringen um die Macht bedeuten können … Vor 150 Jahren war es das Aufkommen der Tagespresse, das entscheidende Bedeutung für die Ereignisse von 1830 und 1848 hatte. Mit neuen Instrumenten für schnelle Kommunikation wiederholt sich die Geschichte …

Die Armut wird auf viele unterschiedliche Weisen sichtbar. Eins der unheimlichsten und bedrohlichsten Phänomene zurzeit ist die Tatsache, dass so viel fruchtbare landwirtschaftliche Nutzungsfläche von ausländischen Gesellschaften gemietet oder gekauft wird, die dort Nahrung für ihre eigenen Bürger in fernen Ländern anbauen wollen. Diese Entwicklung hat in den letzten Jahren dramatische Ausmaße angenommen. Das Bild armer Bauern, die vor eingezäuntem Ackerland stehen, dessen Erträge exportiert werden, ist eine der ernstesten – und zynischsten – Konsequenzen dieser Entwicklung und ein Beispiel dafür, wie arme Länder von finanzstarken Investoren aus reicheren Ländern – in Zusammenarbeit mit skrupellosen Bürgern des betroffenen Landes – ausgebeutet und noch ärmer gemacht werden. Das mit Abstand gierigste dieser Länder ist China. Aber auch Indien und Südkorea befinden sich ganz oben auf der Liste der Länder, die in den immer noch armen Ländern in Afrika diese Form von Raubbau betreiben.

Es ist dringend notwendig, die Frage deutlich und klar zu stellen: Ist das, was wir hier vor uns sehen, ein Beispiel für einen Trend, den wir als Neokolonialismus bezeichnen können, der sich schleichend über Afrika ausbreitet? Diesmal sind es nicht Kanonen und Missionare, die seinerzeit Sklavenhändler, Goldsucher und Elfenbeinjäger ablösten; diesmal handelt es sich um eine sublimere Art des Handels mit Nahrung und Rohstoffen. Auch die Konflikte über die Nutzungsrechte am Wasser der großen Flüsse werden in absehbarer Zukunft härter und ernster werden.

WIR DÜRFEN NICHT ZULASSEN, DASS KOLONIALE ODER RASSISTISCHE HALTUNGEN SICH IN DIE POLITISCHE GEGENWART AFRIKAS AUSBREITEN.

Es ist wichtig, meine obige Frage ernst zu nehmen. Ich behaupte nicht uneingeschränkt, dass die Lage so schlimm ist, wie ich sie beschreibe. Aber ich warne vor der Gefahr, dass meine Worte sich als zutreffend erweisen könnten. Wir müssen mit wachsamen Augen die Kräfte beobachten, die heute afrikanische Rohstoffe ausbeuten. Und wir müssen darauf achten, dass dies zu akzeptablen Bedingungen und auf der Basis von Gleichberechtigung geschieht. Wir dürfen nicht zulassen, dass koloniale oder rassistische Haltungen sich in die afrikanische politische Gegenwart einschleichen.

Die Armut des afrikanischen Kontinents ist kein Normalzustand. Denn der Kontinent ist arm gemacht worden. Es gibt keine hinnehmbaren Gründe dafür, dass ein einziger Afrikaner ohne Nahrung bleiben sollte. Deshalb ist es jetzt entscheidend, dass der Kontinent nicht seines Ackerlandes beraubt wird, um Menschen in anderen Teilen der Welt zu ernähren. Es sei denn, dies geschieht zu den Bedingungen der Afrikaner, in gleichberechtigten Geschäftsverhandlungen.

Es gibt allen Grund, die gegenwärtige Entwicklung wachsam zu verfolgen. Vielleicht ist das Monster des Kolonialismus trotz allem noch nicht begraben.

Aus dem Schwedischen
von Wolfgang Butt,
Daniel Pilar (Fotografien)

BUCAY DENG, 45
SÜDSUDAN, JUBA

UNERMÜDLICH KÄMPFT BUCAY DENG GEGEN DAS LEID DER FLÜCHTLINGE. HILFREICH IST DABEI, DASS SIE DAS ALLES SELBST ERFAHREN HAT UND ECHTES MITGEFÜHL ZEIGEN KANN.

Ein Huhn könnte helfen. Es hat eine Weile gebraucht, bis Bucay Deng darauf gekommen ist. Ein Huhn sucht sich selbst sein Futter und liefert dann ganz von selbst Eier, also wertvolle Proteine. Mit Geld jedenfalls kann die völlig geschwächte Frau, neben der Bucay Deng auf dem sandigen Boden sitzt, in ihrer jetzigen Lage nichts anfangen: Nyiall Atiell Choul kann den weiten Weg bis zum nächsten Laden nicht mehr bewältigen.

Die beiden Frauen sitzen in einer schlichten Holzhütte im südsudanesischen Bundesstaat Bahr al-Ghazal, nicht weit entfernt von der Grenze zum Sudan. Die Hütte steht in der Nähe des Dorfes Mangar Akot in einem Lager für Menschen, die aus dem Sudan in den Südsudan zurückgekehrt sind. Im Sommer 2011 wurde der Südsudan vom Norden unabhängig. Hunderttausende, die während des langjährigen Bürgerkrieges um die Unabhängigkeit in den Norden geflohen waren, kamen seitdem in ihr ehemaliges Zuhause zurück. So wie Nyiall Atiell Choul mit ihrem Mann und ihren zwei kleinen Kindern.

Als Landesvertreterin der Welthungerhilfe im Südsudan sind Bucay Deng Schicksale wie das von Nyiall Atiell Choul und ihrer Familie schon zu viele begegnet. Was sie in Lagern wie im Dorf Mangar Akot sieht, hat sie ernst und schweigsam gemacht. Doch gegenüber Regierungsvertretern, säumigen Transporteuren, unzuverlässigen Mitarbeitern oder unverschämten Zollmitarbeitern kann Bucay Deng so hart und kompromisslos sein, dass sie ihren Willen am Ende durchsetzt. Dadurch hält sie die Projekte der Welthungerhilfe am Laufen, egal wie schwierig die Umstände sind. In schwierige Umstände wurde Bucay Deng hineingeboren: Als sie 1967 in der südsudanesischen Stadt Malakal zur Welt kam, befand sich ihre

Die 45-Jährige kann sich in die Nöte dieser Flüchtlingsfamilie hineinfühlen. Als junges Mädchen war sie selbst mehrmals in der gleichen Situation.

Bedürftige erhalten Registrierungskarten, die sie später gegen Lebensmittelpakete eintauschen können.

»ICH ERTRAGE ES NICHT, WENN MENSCHEN KEINE HOFFNUNG HABEN.«

Heimat in einem ersten Bürgerkrieg um die Unabhängigkeit vom Norden. Fünf Jahre später unterzeichnete die islamische Regierung in Khartoum mit den Rebellen des Südens einen Friedensvertrag. Der aber hielt nur elf Jahre, 1983 brach der Krieg wieder aus. Bucay Deng war damals in der Rolle des Opfers, ihr Leben ähnelte dem der Menschen, die sie an diesem Morgen in Mangar Akot trifft. »Nachdem der Krieg erneut ausgebrochen war, mussten wir immer wieder fliehen«, erzählt sie. »Einmal mussten wir mehr als 100 Kilometer weit laufen, um auf sicheres Gebiet zu kommen.« Solche Erlebnisse haben sie hart gegen sich selbst gemacht: Wenn sie ein Ziel erreichen will, gibt es wenig, was sie davon abhalten kann, und wenig, was sie sich nicht selbst dafür abverlangen würde. Gleichzeitig ist sie offen und einfühlsam für die Nöte der anderen - sie weiß ja in vielen Situationen, wie schwer diese zu ertragen sind.

Wie Zehntausende andere auch blieb ihre Familie schließlich im Norden. Dort wurden die erkennbar dunkelhäutigeren Südsudanesen von den arabischen Nordsudanesen »wie Menschen zweiter Klasse behandelt«. Aber Bucay Deng ließ sich nicht unterkriegen und ergriff die Chancen, die sie dort sah. Während es im umkämpften Süden kaum Schulen gab, konnte Bucay in Khartoum einen Schulabschluss machen und danach studieren. Sie entschied sich für Wirtschaftswissenschaften, »weil jeder Mensch frei sein möchte. Wenn man ein eigenes Unternehmen hat, kann man sich seine Zeit selbst einteilen und hat sein Leben in der Hand.« Dass die islamische Regierung die Frauen zwang, sich zu verschleiern, schluckte sie damals, das Ziel der eigenen Freiheit vor Augen. Die hat sie inzwischen erreicht, längst trägt sie keinen Schleier mehr und meist eher burschikose Kleidung, die sie bei der Arbeit draußen nicht behindert.

Aber als sie das Examen in der Tasche hatte, war immer noch Krieg. »Es war unmöglich, ein Unternehmen zu gründen«. Und das nicht etwa, weil sie Frau in einer islamischen Gesellschaft war, sie hätte sich als Frau schon durchsetzen

Schon lange trägt die Landesvertreterin der Welthungerhilfe keinen Schleier mehr wie die meisten anderen Frauen im Südsudan.

können. »Der gesetzliche Rahmen war so unsicher, als hätten wir keine Regierung. Es gab keine Sicherheit - weder unternehmerische noch persönliche.« Deshalb fing sie an, für humanitäre Organisationen zu arbeiten. Und weil die Not in den umkämpften Gebieten am größten war, half Bucay Deng immer da, wo die Lage besonders dramatisch, die Gefahr am größten und die Milizen am skrupellosesten waren. Sie wollte ja helfen, und Hilfe war in diesen Gebieten am nötigsten. Eigentlich hatte Bucay Deng gehofft, die Not sei mit der Unabhängigkeit des Südens zu Ende. Aber die meisten Menschen müssen immer noch jeden Tag ums Überleben kämpfen. Als 2005 der Friedensvertrag unterzeichnet wurde, stellte sie sich vor, bald etwas anderes machen zu können: vielleicht doch noch ein Unternehmen zu gründen und Geld zu verdienen, vielleicht für die Regierung zu arbeiten. Aber sie stellte schnell fest, dass die Umstände dies weiter nicht erlaubten. Statt sich um das Wohlergehen der Menschen zu kümmern, füllen sich die Regierungsmitglieder ihre eigenen Taschen und verschieben die lukrativsten Posten innerhalb ihrer Familie oder ihres Volkes.

Deshalb sieht Bucay Deng ihren Platz noch immer da, wo sie wirklich helfen und die Dinge nach vorne bringen kann. »Ich ertrage es nicht, wenn Menschen keine Hoffnung haben«, sagt sie. In solchen Situationen kann sie gar nicht anders, als zu versuchen, die Dinge zu verändern. In dieser Lebensplanung hatte eine Familie keinen Platz. Für ein Land wie den Südsudan ist sie damit eine Ausnahme, aber Probleme habe sie deswegen nie bekommen. Vermutlich ist Bucay Deng viel zu stark, als dass jemand wagen würde, ihr in ihr Leben hineinzureden.

Bettina Rühl (Text), Michael Tsegaye und Daniel Pilar (Fotografien)

Bucay Deng (rechts) bezahlt einen Arbeiter, der beim Bau von Hütten in Marial Bai geholfen hat.

OHNNY PAUL
NO 2

IBRAHIM SANKOH, 42, SIERRA LEONE, RIVER NO. 2

»MAMA SALONE« NENNT DER MANN AUS DEM FISCHERDORF ZÄRTLICH SEIN LAND. BESONNEN UND ENERGISCH SETZT ER SICH FÜR DAS GEMEINWOHL EIN UND HAT DAMIT SO VIEL ERFOLG, DASS ALLE AUF SEIN WORT HÖREN.

Gemächlich die Wellen durchpflügend hält das Boot Kurs auf den Sandstrand bei der Ortschaft River No. 2, eine halbe Stunde Autofahrt von der Hauptstadt Freetown entfernt. Mit sechs Passagieren war Ibrahim Sankoh frühmorgens vom Festland nach Banana Island aufgebrochen. Schon während des Ausflugs erweist er sich als aufmerksamer, nachdenklicher Gesprächspartner. Lange ruht sein Blick bei der Rückfahrt auf dem Panorama der sich nähernden Küste. »Grüne Hügel, weißer Strand und blaue See. Die Farben passen gut zusammen, das ist unsere Landesflagge«, sagt er gut gelaunt. Ibrahim Sankoh liebt sein Land, das 1961 unabhängig wurde. Er nennt es zärtlich »Mama Salone«, wie Sierra Leone in der Kreolsprache heißt. Als die »Mama« 2011 ihren 50. Geburtstag feierte, verzierte man einige Gebäude des Feriendorfs mit der grün-weiß-blauen Flagge.
In dem für den Fremdenverkehr kaum erschlossenen Gebiet ist der Ort mit dem ungewöhnlichen Namen River No. 2 zwar noch eine Randerscheinung, aber die Einheimischen profitieren bereits von der Entwicklung. Rund fünf Dutzend Dorfbewohner erhalten für ihre Arbeit im Restaurant sowie in Service und Reinigung einen Lohn. Ein Teil der Einnahmen wird verwendet, um für die Dorfgemeinschaft Medikamente zu kaufen und Schulgebühren zu begleichen. Den Rest zahlt das Dorf auf ein Bankkonto in Freetown ein. Einigkeit macht stark, sagt Ibrahim, verschweigt jedoch auch nicht, dass der Weg dorthin steinig gewesen ist. Fischfang

EINIGKEIT MACHE STARK, SAGT IBRAHIM, VERSCHWEIGT JEDOCH AUCH NICHT, DASS DER WEG DORTHIN STEINIG GEWESEN IST.

Der 42-Jährige ist im ganzen Ort bekannt und beliebt und wird von allen nur »Tonton« gerufen, was so viel wie Onkel bedeutet.

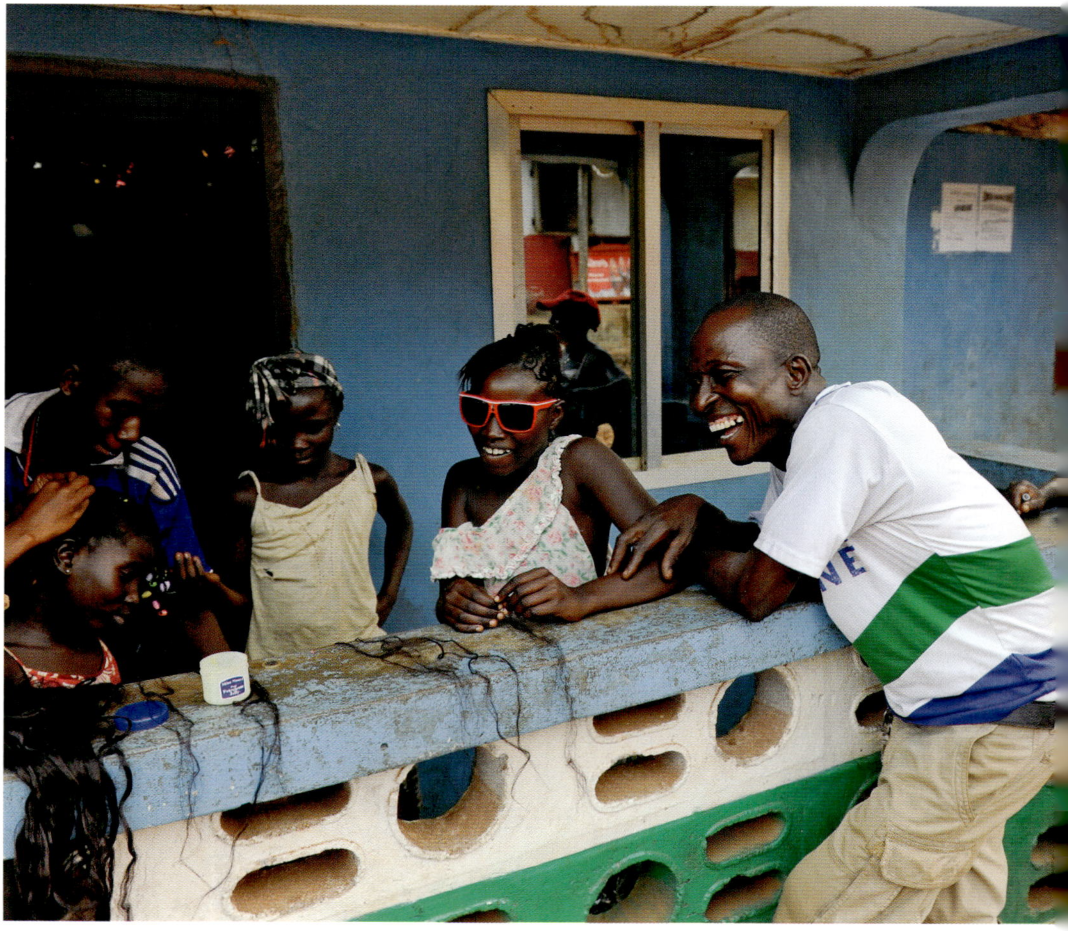

Der engagierte Familienvater Ibrahim Sankoh lernt mit seinem zwölfjährigen Sohn Nelson für die Schule.

und ein bisschen Fremdenverkehr am Wochenende: Damit bestritten die Bewohner früher ihren Lebensunterhalt, jeder für sich.

Wie man alle für das Gemeinwohl gewinnen kann, überlegte sich Ibrahim Sankoh bereits in den 1990er-Jahren. Er sprach seine Mitbürger darauf an, versuchte sie davon zu überzeugen, dass ein gemeinsames Vorgehen für alle mehr Vorteile brächte. Und er hatte Erfolg. Weil er gut zuhören kann und diplomatisches Geschick besitzt, auf Einwände eingeht und immer wieder zu überzeugen versucht. Nicht zuletzt seinen Bemühungen verdankt der Ort die »Community Based Organisation«, ein Zusammenschluss derer, die ihre Zukunft gemeinsam gestalten wollen. Dort zählt er inzwischen zum Urgestein. Ibrahim lacht und scherzt gerne, und deswegen genießt er in der Gemeinschaft große Sympathie. Seinen Spitznamen »Tonton« (Onkel) verdankt der drahtige Mann mit seinen kurzen Haaren und den markanten Gesichtszügen französischen Touristen. »Damals war ich der Einzige, der ihre Sprache konnte, und wenn mich die Gäste am Strand bei meinem richtigen Namen gerufen haben, fühlten sich immer mehrere Ibrahims angesprochen«, meint er schmunzelnd.

Wenn dieser gelassen wirkende Mann einen Blick auf die Ereignisse des Jahres 1995 wirft, verdüstert sich seine Miene. Damals hatte der erst 2002 nach elf Jahren beigelegte Bürgerkrieg mit dem Rebellenvormarsch auf Freetown einen gefährlichen Höhepunkt erreicht. »Alle fürchteten um ihr Leben und den gemeinsamen Besitz. Wir hatten unseren Generator zur Stromerzeugung im Boden vergraben, auch alle übrigen Geräte mussten versteckt werden«, erinnert er sich. »In der Gemeinschaft übernahmen erstmals einzelne Angehörige Verantwortung.« Das war damals ein Experiment »mit ungewissem Ausgang«. Aber die anfängliche Skepsis war unbegründet. »Nach fünf Monaten war alles noch an seinem Platz, und das hat gezeigt, dass die Menschen bereit waren, sich für das Gemeinwohl zu engagieren«, fügt er hinzu. Als treibende Kraft hat Ibrahim Sankoh unermüdlich an seine Mitbürger appelliert: »Ihr müsst euch selbst mit eurer Entwicklung befassen, von draußen könnt ihr keine Hilfe erwarten, das war von Anfang an meine Botschaft«,

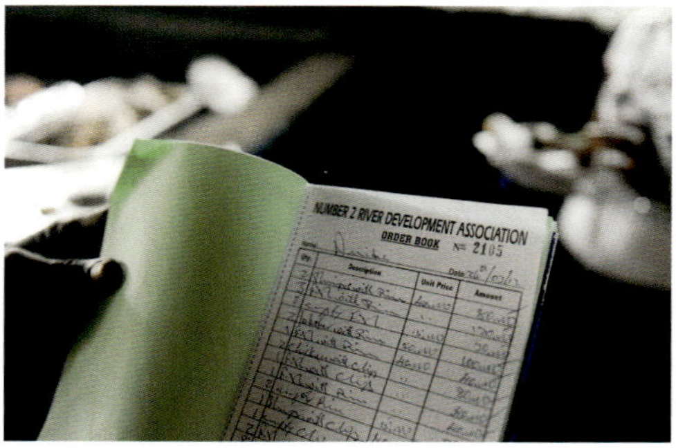

Gegrillter Fisch für die Touristen – die Rechnung wird anschließend akribisch im Kassenbuch des kleinen Hotels vermerkt.

Für seinen Ort wünscht sich der Familienvater, dass möglichst bald ein Gemeindezentrum und eine Krankenstation eingerichtet werden.

»WENN EIN BEWOHNER VON RIVER NO. 2 MINISTER WÜRDE, DANN WÄRE DAS KLASSE.«

Gemeinsam versuchen die Bewohner von River No. 2, den Ort als Erholungsziel für die Menschen aus der nahen Hauptstadt attraktiv zu machen.

bekräftigt er. Was es nach getaner Arbeit zu verteilen gäbe, hänge einzig und allein von den Umsätzen des gesamten Teams ab, fügt er hinzu. Diese Denkart gewinne allmählich die Oberhand, »wenn dennoch Konflikte auftreten, dann spreche ich mit den Leuten«, versichert er, und man kann sich dabei gut vorstellen, dass er bei diesen Gesprächen nicht zum Scherzen aufgelegt ist. Keine Hilfe erwartet er sich von den Mächtigen. »Zwar laden sich Minister aus Freetown gerne bei uns ein, sie loben unsere Arbeit, freuen sich über den sauberen Strand und loben uns als Vorbild. Unterstützung hingegen haben wir nie erhalten. Am Schluss gab es dann wie üblich nur die Steuerrechnung«, vermerkt er etwas ungehalten, aber ohne Zorn. Es ist ein offenes Geheimnis, dass sich Regierungsvertreter in diesem Landesteil Grund und Boden aneignen, um die Flächen gewinnbringend an Privatpersonen für den Bau von Häusern weiterzuverkaufen, auch in der Nähe seiner Gemeinde, die 700 Einwohner zählt. »Wenn wir dagegen protestieren, kommt ein Polizeiaufgebot, dagegen sind wir machtlos«, räumt er ein. Umso mehr Erfolg verbucht die Gemeinschaft mit ihren Bemühungen, Besuchern River No. 2 als Erholungsziel schmackhaft zu machen. An den Wochenenden ist der Strand stets gut belegt. Menschen aus Freetown verlegen hierher gerne ihre feuchtfröhlichen Strandpartys, um einige Stunden lang der Hauptstadthektik zu entfliehen.

Für seinen Wohnort wünscht er sich außer einem Gemeindezentrum die dringend benötigte Krankenstation. Tonton greift gerne zu den Sternen. »Wenn ein Bewohner von River No. 2 Minister würde, dann wäre das klasse«, meint er. Noch größer wäre sein Triumph, wenn ein Dorfkind einst Staatspräsident würde.

Thomas Veser (Text), Jörg Böthling (Fotografien)

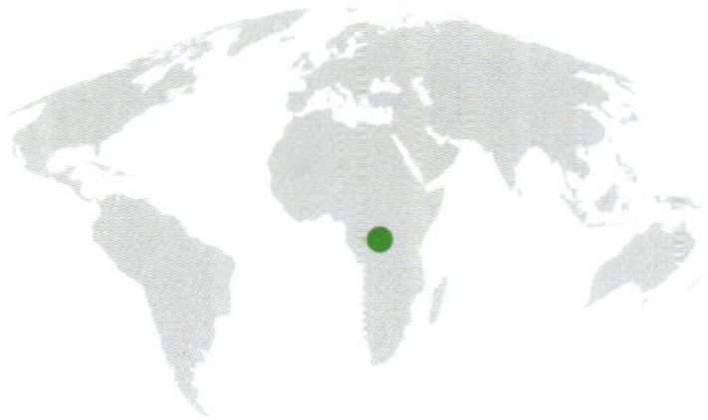

MARIE MASIKA-KAFANYA, 57, D. R. KONGO, BUTEMBO

VIELE SCHICKSALE VERGEWALTIGTER FRAUEN, DIE BEI IHR ZUFLUCHT SUCHEN, SIND ZU GRAUSAM, ALS DASS DIE KRANKENSCHWESTER UND MITBEGRÜNDERIN DER HILFSORGANISATION FEPSI ÜBER SIE SPRECHEN KANN.

Wenn sie ein paar der Geschichten erzählt, die sie in den vergangenen zwölf Jahren erlebt hat, wird die Stimme von Marie Dolorose Masika-Kafanya leise und der Ton sachlich. Ganz so, als könne sie ihren Worten damit den Schrecken nehmen. Und den Schicksalen der Frauen im Kongo das Grauen.

Denn ihr eigenes Leben, sagt die 57-Jährige, ist im Vergleich dazu ein gutes, ein gesegnetes Leben. Marie Dolorose hat drei Kinder, die sie alle zur Schule schicken konnte. Zu ihrem Besitz gehört ein Haus aus Stein und ein Generator, mit dem sie ein, zwei Stunden am Tag sogar einen Fernseher betreiben kann. Im Garten wachsen Mangos und Bananen, ein paar Hühner picken im Staub. Zwei Schweine recken ihre Köpfe aus dem Stall, und die Meerschweinchen, die Nahrungsmittel sind im Kongo und wichtige Proteinlieferanten, haben gerade wieder Junge geworfen. Doch vor einem halben Jahr fiel auch auf ihr Leben ein Schatten: Ihr Mann, ein Arzt, starb plötzlich an einem Herzinfarkt. Marie Dolores hat den Tod noch nicht verwunden. Immer wieder blättert die gelernte Krankenschwester in den Fotoalben, in denen sie die Bilder ihres Mannes verwahrt.

»Trotzdem ist das Leben der meisten Frauen in meinem Land viel schlimmer«, sagt Marie Dolorose Masika-Kafanya. An diesem Morgen führt sie Love Nziavake im »Centre Hospitalier FEPSI« den Gang entlang zum Labor. Die 21-Jährige kann kaum laufen, sie wirkt wie betäubt, den Blick hat sie starr auf den Boden gerichtet. Die

In ihrem Garten findet die Kranken-
schwester Ruhe nach einem anstrengen-
den Tag im Krankenhaus.

Butembo liegt
im Nordosten der
D. R. Kongo.

Unvorstellbares Grauen festgehalten in blauen Heften: Jeder Fall wird für das Archiv des Krankenhauses dokumentiert.

NIRGENDWO AUF DER WELT WERDEN SO VIELE FRAUEN VERGEWALTIGT WIE IM OSTKONGO.

Zuckerrohrhändlerin war am Tag zuvor auf dem Weg hinaus aufs Feld von einem Unbekannten ins Gebüsch gezogen und vergewaltigt worden. Ihr Peiniger war etwa 30 Jahre alt, ein Zivilist, aber er hatte eine Waffe, erzählt das verschreckte Mädchen. Der einzige Satz, den er ihr zuzischte, war: »Heute bist du dran.«
Nirgendwo auf der Welt werden so viele Frauen vergewaltigt wie im Ostkongo. Das belegt eine Statistik der Vereinten Nationen. Jeden Monat werden hier von 1000 Frauen 67 Opfer massiver sexueller Gewalt. Nirgendwo auf der Welt wurde ein Land aber auch über Jahrzehnte hinweg derart ausgebeutet und von Kriegen zerfressen. Und nirgendwo auf der Welt gibt es deshalb so wenig Moral, Mitleid und Anstand.
Das FEPSI-Hospital in Butembo ist der einzige Ort in den beiden Landkreisen Lubeno und Beni mit rund zwei Millionen Einwohnern, wo vergewaltigte und oft grausam zugerichtete Frauen Hilfe finden – medizinische und psychologische. Butembo ist eine Stadt mit 700.000 Einwohnern, die größte im Ostkongo. Und gleichzeitig die am schlechtesten entwickelte: Es gibt keine Wasser- und keine Stromversorgung, am Abend brummen für zwei Stunden die Generatoren, dann legt sich Dunkelheit über die Lehmhütten.
Zwei, drei, manchmal vier verzweifelte Frauen sind es im Schnitt, die Tag für Tag an die Tür des Hospitals klopfen, sagt Marie Dolorose Masika-Kafanya. Mehr als 5600 hat sie in den vergangenen zwölf Jahren gezählt. Und jede Geschichte, jedes einzelne Schicksal ist niedergeschrieben in einem der dicken, blauen Schulhefte, die sich in einem Zimmer stapeln, über dessen Tür das Schild »Anmeldung« hängt. Doch viele der Geschichten sind zu grausam, um je veröffentlicht zu werden. Die Umstände der Vergewaltigung eines zweijährigen Mädchens zum Beispiel die Übergriffe auf eine 80-Jährige oder die dokumentierten Massenvergewaltigungen, bei denen die Frauen auf den Dorfplatz geschleppt und dann vor den Augen ihrer Familien von 30, manchmal 50 Rebellen vergewaltigt werden. »Viele überleben die grausame Prozedur nicht«, sagt Marie Dolorose, andere schleppen sich mit

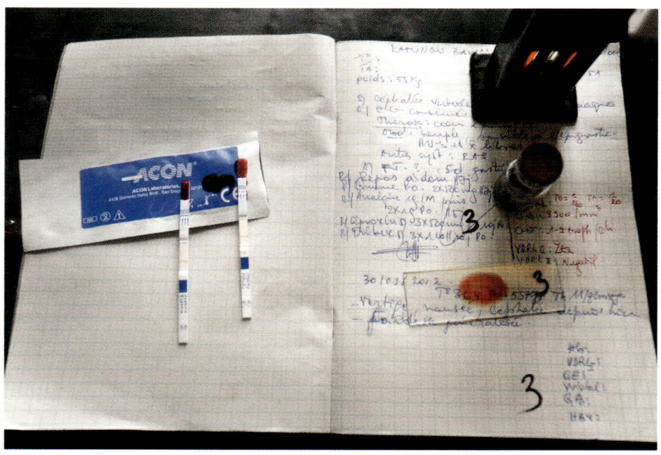

Jeder Frau wird bei der Aufnahme Blut abgenommen und sie erhält vorsorglich ein Anti-Aids-Mittel.

»WIR KONNTEN ES NICHT MEHR ERTRAGEN, DASS EINE GESELLSCHAFT, DASS DIE GANZE WELT WEGSCHAUT.«

Die Blutproben der Frauen werden im krankenhauseigenen Labor untersucht.

zerfetzten Genitalien ins FEPSI-Krankenhaus. 15 kämpferische Frauen haben im Jahr 2000 das Projekt FEPSI (»Femmes Engagées pour la Promotion de la Santé Intégrale«) gegründet. Marie Dolorose Masika-Kafanya ist eine von ihnen. »Wir konnten es nicht mehr ertragen, dass eine Gesellschaft, dass die ganze Welt wegschaut«, sagt sie. Kurz darauf haben die Frauen das »Centre Hospitalier FEPSI« eröffnet, das heute 63 Betten, 57 Angestellte und 125 Vertrauensleute zählt, die FEPSI in den Dörfern bekannt machen.

Love Nziavake hat im Radio von den FEPSI-Frauen gehört, eine erste Untersuchung hat sie nun hinter sich. In dem einfachen Labor, dessen modernstes Gerät ein Mikroskop ist, hat man ihr Blut abgenommen. Marie Dolorose gibt ihr einen Becher Wasser und die »Pille danach«. Später wird sie noch ein Anti-Aids-Mittel bekommen, das innerhalb von 48 Stunden eingenommen werden muss. Ob sie sich vorstellen kann, warum ein Mann vergewaltigt, fragt Marie Dolorose das verschüchterte Mädchen. »Um das Leben einer Frau zu zerstören«, sagt Love Nziavake – und schlägt die Hände vors Gesicht.

In den Krankenzimmern, die sich fünf, manchmal acht Frauen teilen, ist es düster. Moskitonetze hängen von den Decken. Einige Frauen sind hochschwanger, sie warten auf die Geburt. Andere, die gerade ihr Kind zur Welt gebracht haben, sind eigentlich noch viel zu jung, um Mutter zu sein. 60 bis 80 Geburten betreuen die FEPSI-Frauen jeden Monat. Ein Viertel davon, sagt Marie Dolorose, ist das Ergebnis einer Vergewaltigung. So wie Benedict, sagt die 57-Jährige und nimmt den kleinen Jungen auf den Arm, dessen Köpfchen fast ganz in der blau-weiß geringelten Strickmütze verschwindet.

Während des Bürgerkriegs wurden Vergewaltigungen als Kriegswaffe eingesetzt, um die Familie – und damit die Seele der Gegner – zu treffen. Die UN haben

Im Krankenhaus versuchen die traumatisierten Frauen, das Erlebte zu verarbeiten. Bei FEPSI erhalten sie psychologische und medizinische Betreuung.

Nicht selten folgt auf eine Vergewaltigung eine ungewollte Schwangerschaft.

»DER SCHÖNSTE MOMENT«, SAGT MARIE DOLOROSE, »IST DER, WENN EINE FRAU TROTZ ALL DER GEWALT UND DES GRAUENS, DIE SIE ERLEBT HAT, NACH EIN PAAR TAGEN IM FEPSI-HOSPITAL WIEDER LÄCHELT.«

die Taten 2006 zwar offiziell zum Kriegsverbrechen erklärt, geholfen hat das aber nichts. Denn inzwischen sind die Brutalität, die Verrohung und die Gesetzlosigkeit in die Zivilgesellschaft übergegangen, erzählt Marie Dolorose. Früher, sagt sie, trug der typische Vergewaltiger Uniform und eine Waffe: Er gehörte einer Rebellengruppe an oder der kongolesischen Armee. Heute ist der typische Vergewaltiger der Nachbar, der Onkel, der Bruder.
Wirklich ändern können sie die Situation in ihrem Land nicht – das weiß auch Marie Dolorose Masika-Kafanya – solange die Gesundheitsministerin, wie kürzlich auf einer Menschenrechtskonferenz in Europa, behauptet: »Es gibt keine Vergewaltigungen im Kongo.« Aber sie kann die Situation der Frauen erträglicher machen. Einfach da sein. Zuhören. »Der schönste Moment«, sagt Marie Dolorose, »ist der, wenn eine Frau trotz all der Gewalt und des Grauens, die sie erlebt hat, nach ein paar Tagen im FEPSI-Hospital wieder lächelt.« Für diesen Moment kämpft sie weiter.

Andrea Kümpfbeck (Text), Jens Grossmann (Fotografien)

DR. MANASI CHAKRABORTY, 37 INDIEN, KALKUTTA

MANASI CHAKRABORTY HAT NUR EINEN GROSSEN TRAUM. SIE WÜNSCHT SICH, DASS IHRE TOCHTER PRAJNA EINES TAGES SELBST FÜR SICH SORGEN KANN. »UND DASS DIE MENSCHEN GUT ZU IHR SIND.«

Das klingt zunächst nach einem sehr bescheidenen Wunsch, vor allem für eine Frau wie Manasi. Die 37-jährige Inderin lebt ein sehr ungewöhnliches Leben. Manasi hat in ihrer Heimatstadt Kalkutta Hauswirtschaft und Ernährungswissenschaften studiert, darin auch promoviert. Seit rund zwölf Jahren arbeitet sie nun für den Sri Ramkrishna Ashram in Westbengalen als Gesundheits- und Ernährungsberaterin für Frauen. Unermüdlich und oft über Tage hinweg fährt sie von einem Dorf zum anderen, um den Frauen dieser armen Region beizubringen, wie sie sich und ihre Kinder vor Unterernährung bewahren können.
Weil ihr Büro in Nimpith drei Autostunden von dem hübschen gelbgrünen Häuschen entfernt liegt, in dem Manasi zusammen mit ihrer Tochter, ihrem Mann und ihren Schwiegereltern wohnt, verbringt sie einen Teil der Woche draußen im Ashram in den Sundarbans, dem in mehr als 1000 Inseln zerfaserten Ganges-Delta. In dieser Zeit kümmert sich ihr Mann Partha um ihre gemeinsame Tochter, bringt sie in die Schule und nimmt sie gelegentlich auch mit in seine Apotheke, die sich im Haus der Familie befindet. Nachts schläft Prajna bei ihm im Bett. »Partha ist mein bester Freund«, sagt Manasi über ihren Mann, den sie im Studium kennengelernt und bald nach dem Abschluss geheiratet hat.
Partha, ein großer, kräftiger Mann mit sanften Augen und gepflegtem Schnurrbart, hat sie immer bestärkt, ihre Pläne zu verfolgen und ihr Studium mit der Promotion abzuschließen. Er hat auch zu ihr gehalten, als Manasi das traditionelle Frauen-

UNERMÜDLICH FÄHRT SIE VON EINEM DORF ZUM ANDEREN, UM DEN FRAUEN DIESER ARMEN REGION BEIZUBRINGEN, WIE SIE SICH UND IHRE KINDER VOR UNTERERNÄHRUNG BEWAHREN KÖNNEN.

Manasi Chakraborty verfolgt die monatliche Untersuchung der Babys und Kinder im Gemeindezentrum der Sundarbans. Nur allzu oft lautet die Diagnose Unterernährung.

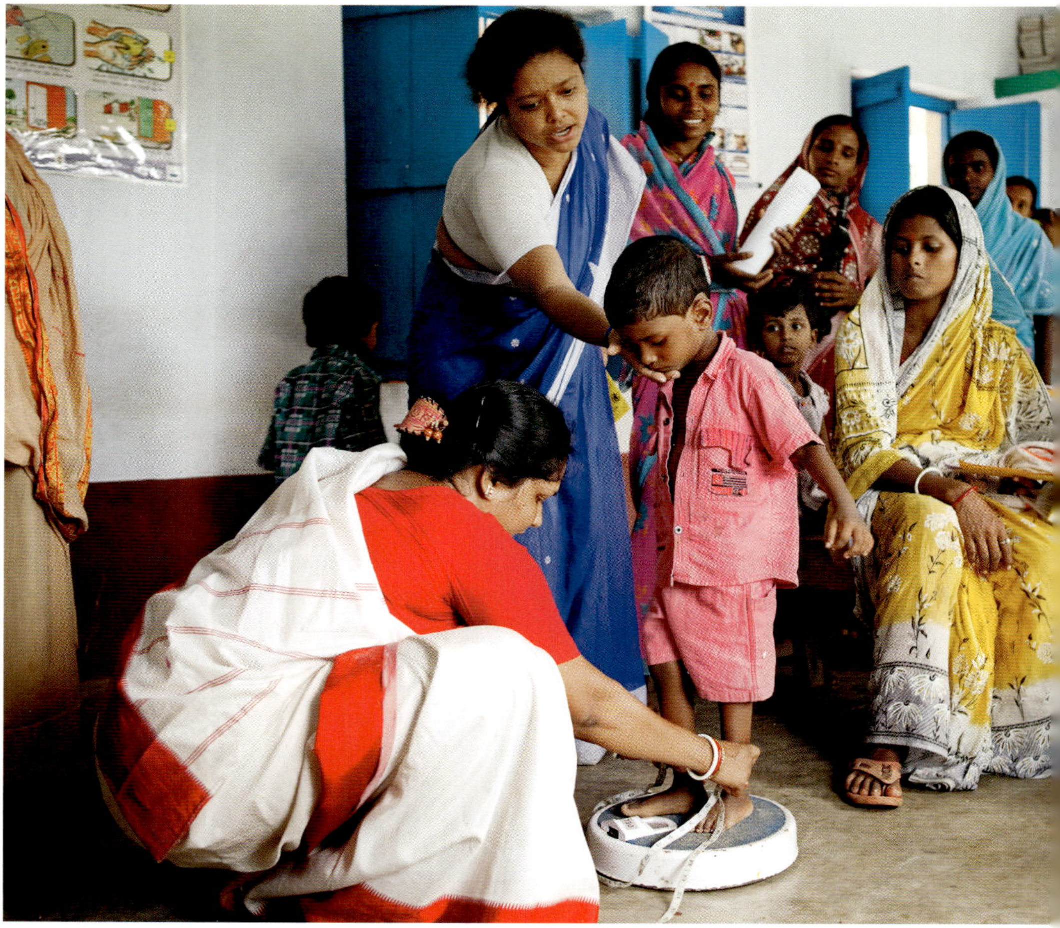

Oft ist Manasi Chakraborty tagelang von ihrem Kind und ihrem Mann getrennt. Doch die Arbeit mit den Frauen erfüllt sie sehr.

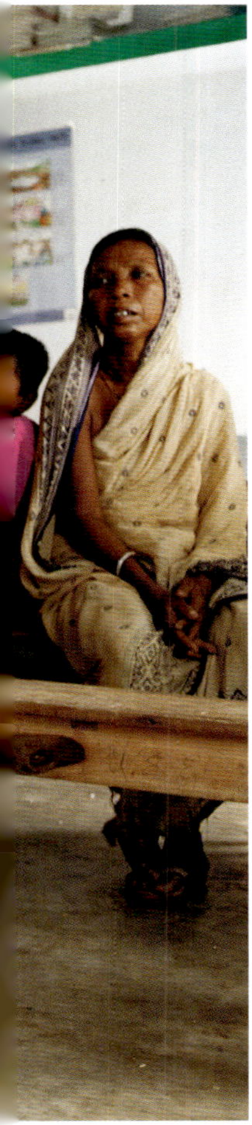

verständnis ihrer zukünftigen Schwiegereltern erschütterte mit der Entscheidung, den Job im Sri Ramkrishna Ashram in Nimpith anzunehmen. Ihr Beruf bedeutet, dass Manasi nicht nur oft Tage in den Sundarbans unterwegs ist, auch in andere Bundesstaaten muss sie reisen oder sogar noch weiter weg – einmal war sie sogar in Deutschland.

Eine Frau, fern von ihrem Mann und ihrer Schwiegerfamilie, in deren Haus sie seit der Hochzeit lebt? Das kommt in Indien nicht oft vor. Erst recht nicht, wenn es sich um eine Mutter handelt. »Das war die erste Herausforderung für meine Schwiegereltern«, erzählt Manasi mit einem kleinen Lächeln. »Die zweite war, als ich in der Schwangerschaft verkündet habe, dass ich auch nach der Geburt des Kindes weiterarbeiten möchte.« Aber ihre Schwiegereltern akzeptierten schließlich beides. Niemand konnte damit rechnen, dass Manasis Kind anders sein würde als andere Babys. »Sie ist ein ganz besonderes Kind«, sagt Manasi. Die Diagnose der Ärzte hieß: Downsyndrom. Behinderte, und besonders behinderte Mädchen, haben es nicht leicht in einem armen und überbevölkerten Land wie Indien. Einem Land, in dem verkrüppelte Bettler im Dreck der Straße leben und sterben und wo noch immer viele weibliche Föten abgetrieben werden, weil die Familien die Kosten für die Mitgift nicht zahlen können oder wollen.

Vor allem Partha, der sonst so stark und souverän ist, hatte in den ersten Monaten nach Prajnas Geburt sehr zu kämpfen. Er fühlte sich dem Umgang mit einem behinderten Kind nicht gewachsen, überlegte, ob sie würden umziehen müssen, weg aus Kalkutta, weg aus der Umgebung, in der er seit seiner Kindheit lebte. Aber Manasi glaubte an ihre eigene Kraft, an die Verbindung zwischen ihr und Partha, die Liebe zu ihrem Kind und die Unterstützung ihrer beider Familien. Schließlich bedeutet der Name ihrer Tochter »Weisheit«. Trotzdem: Ein weiteres Kind wollten sie nicht bekommen. »Unser Baby war und ist gut so, wie es ist«, sagt Manasi ent-

Die kleine Prajna ist eine begeisterte Schülerin und sehr stolz auf ihre Schuluniform und ihre gestreifte Bluse.

schlossen. Und es wurde alles gut. Niemand hier kann sich inzwischen noch ein Leben ohne Prajna vorstellen, ohne ihr Lachen, ihre Zärtlichkeit. Ihre Großfamilie liebt und verwöhnt sie; auch bei den Festen in der Nachbarschaft gehört sie ganz selbstverständlich dazu, wird gestreichelt, von Schoß zu Schoß gereicht.

»Unsere Tochter ist ein Gottesgeschenk«, sagt Manasi und sieht zu den Fotos hinüber, die auf ihrem Kleiderschrank kleben: das kleine Mädchen in einem festlichen Kleidchen, glitzernde Spangen im hochgesteckten Haar. Inzwischen geht Prajna sogar in eine reguläre Schule. Es scheint fast, als wirke die unermüdliche Liebe und Förderung ihrer Familie wie ein Schutzkokon: Sie kommt bislang mit im Unterricht und wird auch von den anderen Kindern akzeptiert. Vor allem aber ist Prajna furchtbar stolz auf ihre dunkelblaue Schuluniform mit dem gestreiften Blüschen. Und auf ihre Mutter: Prajna weiß, wohin Manasi fährt, wenn sie montags um halb fünf Uhr früh das Haus verlässt und sie in der Obhut ihres Vaters, ihrer Großeltern und Tanten zurückbleibt. Manchmal erzählt sie anderen Menschen, sie habe mehrere Mütter, die sich um sie kümmerten. Aber sie stürzt sich begeistert auf die Eine, wenn Manasi nach drei, vier Tagen wieder nach Kalkutta zurückkehrt. Es sei denn, ihre Mutter hat noch etwas am Computer zu tun. Dann schleicht sie auf Zehenspitzen herum: »Psst, Mama muss arbeiten!«

Wenn sie einmal ein bisschen Luft hat, möchte Manasi ein Buch schreiben, einen Ratgeber für andere Eltern mit Downsyndrom-Kindern. Sie möchte ihnen Mut machen, ihnen von Prajna erzählen. Wie sie ihr Leben bereichert und wie gut sie sich macht. »Wer weiß«, sagt Manasi und lächelt versonnen, »vielleicht übernimmt Prajna ja eines Tages die Apotheke.«

Nina Berendonk (Text), Silke Wernet (Fotografien)

»UNSERE TOCHTER IST EIN GOTTESGESCHENK.«

Auch wenn ihr Mann Partha nach der Geburt einige Monate mit der Situation zu kämpfen hatte, ist die Familie inzwischen rundum glücklich und Prajna der Stolz der Familie.

THERE IS NO RELIGION HIGHER THAN TRUTH

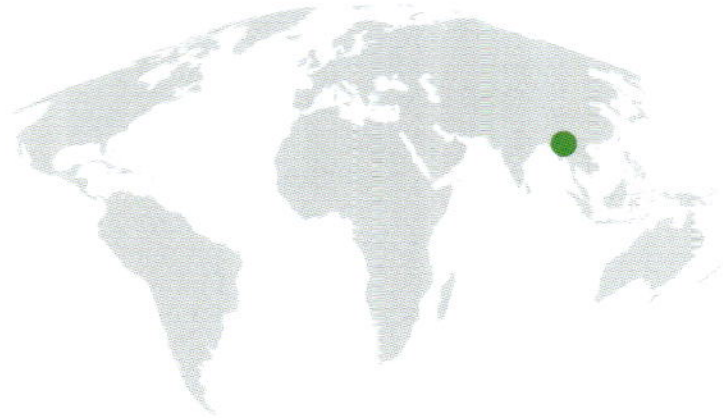

U WIN HAN, 72
BURMA, RANGUN

»GEH WEITER«, LAUTETE EINE DER BUDDHISTISCHEN LEHREN, DIE U WIN HAN IN LONDON AUF EINEM FLUGBLATT LIEST. DER BUDDHISMUS UND DIESER SATZ, DER IHN AUFFORDERT, SEINEN EIGENEN WEG ZU GEHEN, BESTIMMEN VON DA AN SEIN LEBEN.

Wenn in Burma das Thermometer unbarmherzig auf über 35 Grad ansteigt, denkt U Win Han manchmal an das erste Eis seines Lebens: eine Schale voll Schnee, übergossen mit Milch und Zucker. Im Winter 1949 in London löffelten es der damals Neunjährige und seine Mutter. Heute ist er 72, hat eine Laufbahn als Lehrer und Direktor des Nationalarchivs in Rangun hinter sich. Als Rentner widmet er sich seiner großen Leidenschaft – den Büchern. Er hat jetzt auch Zeit, über früher nachzudenken. Über den Schnee in London zum Beispiel. Wie eine dichte weiße Zuckerschicht legte er sich über die leblos-grauen Häuser und Bäume. »Mit Schnee bedeckt, sah alles etwas freundlicher aus«, sagt der schlanke Mann mit dem grau-weißen Haar.

Die burmesische Armee hatte damals von der Familie verlangt, nach London zu ziehen: U Win Hans Vater war Landvermesser bei der Armee und sollte in England ein Aufbaustudium absolvieren. »Wir mussten drei lange Jahre dort bleiben – ich hatte starkes Heimweh«, sagt U Win Han. Wenn U Win Han Fotos aus seiner Heimat sah oder burmesische Musik hörte, weinte er. Die Kinder in der Schule begegneten dem Mitschüler aus Asien mit Vorurteilen: »Sie haben mich gefragt, ob die Menschen in meiner Heimat auf Bäumen leben und Tigerfelle tragen.«

U Win Han hofft, dass seine eigenen Kinder und Enkel nie mit solchen Vorurteilen konfrontiert werden. Er hat 1964 geheiratet, ist Vater von vier Kindern und hat drei Enkelkinder. U Win Han lebte mit seiner Frau in Maymyo, bis er 1991 zum Direktor des Nationalarchivs in Rangun ernannt wurde. Dann kaufte er ein Haus am Stadtrand von Rangun – dort lebt er noch heute zusammen mit Frau, Töchtern

»ES IST PARADOX: MEIN LAND HAT 1000-JÄHRIGE ERFAHRUNG MIT DEM BUDDHISMUS. UND ICH HABE DIESE UNIVERSELLE LEHRE IM WESTEN KENNENGELERNT, WO DER BUDDHISMUS WENIG VERBREITET IST.«

Der Buddhismus hat U Win Han Halt gegeben, als er sich als Kind in London einsam fühlte. Noch heute besucht er regelmäßig den Tempel.

Buddhistische Rituale: U Win Han wässert eine kleine Buddhastatue in der Shwedagon-Pagode.

und Enkeln. Im Kreis seiner Familie fühlt sich U Win Han geborgen. Dieses Gefühl hat er während seiner Kindheit in England oft vermisst.

Der einzige Ort, an dem er sich damals zu Hause fühlte, war das buddhistische Kloster in London. »Wir gingen dort als Familie regelmäßig hin. Auch weil es dort einen burmesischen Abt gab«, erinnert er sich. Das Kloster weckte sein Interesse für den Buddhismus, nach dessen Lehren U Win Han bis heute lebt. »Meine erste buddhistische Literatur fand ich in diesem Kloster: ein Flugblatt mit Prinzipien des Buddhismus.« »Geh weiter«, lautete der letzte Satz auf dem Flugblatt. Diese Worte hat U Win Han so interpretiert, dass er seinen (Lebens-)Weg selbst und aus eigener Kraft immer »weiter gehen« muss – und sich dabei nicht auf die Unterstützung anderer verlassen darf.

Der Buddhismus hat U Win Han während der drei Jahre, die er mit seinen Eltern in England verbracht hat, Halt gegeben. Als die Familie 1952 endlich wieder nach Burma zurückkehrte, war die Religion ein Teil von ihm geworden. »Es ist paradox: Mein Land hat 1000-jährige Erfahrung mit dem Buddhismus. Und ich habe diese universelle Lehre im Westen kennengelernt, wo der Buddhismus wenig verbreitet ist«, sagt U Win Han. Er wünscht sich, dass die buddhistische Lehre stärker in der westlichen Welt Fuß fasst: »Ich glaube, dass sie dadurch ruhiger, offener und toleranter werden könnte.«

Als U Win Hans Familie nach Burma zurückkehrte, währte das Glück nur kurze Zeit. Der Vater wurde Rektor der Zentralschule der burmesischen Armee, der Familie stellte man ein Haus und ein Auto zur Verfügung. Der Vater wurde nochmals befördert zum Direktor der Abteilung für Luftvermessung. Am 5. Oktober 1954 geschah das Unvorhersehbare: Die Schulleiterin ließ den14-jährigen U Win Han aus dem Unterricht holen. »Mein Vater war bei einem Flugzeugabsturz in Irland ums Leben gekommen.« Der Buddhismus und die Lehre »Geh weiter, kämpfe aus eigener Kraft« halfen U Win Han, auch die schwere Zeit nach dem Tod des Vaters durch-

»MEIN RUHIGES TEMPERAMENT ENTSPRACH NICHT DER ARMEE.«

Oft kommt die Familie bei dem 72-Jährigen und seiner Frau zusammen. Gemeinsam mit den Töchtern und Enkelkindern sitzen sie hier beim Essen.

Jeden Tag spendet U Win Han den Mönchen im naheliegenden Kloster etwas zu essen.

zustehen. »Wir mussten Haus und Auto aufgeben und in eine Wohnung ziehen. Durch meine Ausbildung habe ich mich trotzdem gekämpft.« U Win Han schrieb sich an der Universität von Rangun ein und studierte Geschichte, Englisch und Anthropologie. 1960 schloss er das Studium mit Auszeichnung ab.

Nach dem Studium versuchte U Win Han in die Fußstapfen des Vaters zu treten und ging zur Armee. »Am ersten Tag der Grundausbildung wurden meine Kameraden und ich vom Feldwebel grundlos angeschrien«, erinnert er sich. Er schrieb einen empörten Brief an den Direktor des Ausbildungslagers – und bat um Entlassung. »Mein ruhiges Temperament entsprach nicht der Armee.« Der Direktor lehnte das Gesuch ab. Nach acht Monaten wurde U Win Han als Zugführer an die Front geschickt, um gegen die aufständischen Karen – eine ethnische Minderheit in Burma – zu kämpfen. »Wir wurden in eine Schlacht verwickelt, bei der es glücklicherweise keine Opfer gab«, sagt U Win Han. Seine wahre Berufung fand er 1962, als er zum Lehrer an der Defence Service Academy ernannt wurde.

Dass der Buddhismus eines Tages doch noch weltweit Frieden bringen, dass also sein persönlicher Traum in Erfüllung gehen könnte, daran glaubt U Win Han erst seit 2008: »Ich habe in meiner Nachbarschaft einen Deutschen kennengelernt, der hier für die Welthungerhilfe arbeitet. Wir sind Freunde geworden: Mich fasziniert seine Offenheit gegenüber dem Buddhismus und sein Interesse an der burmesischen Sprache und Kultur. Mein Freund hat mir auch erzählt, dass der Buddhismus im Westen zunehmend Anhänger gewinnt. So erfüllt sich mein Traum scheinbar ohne mein Mitwirken.«

Lothar Kinzelmann (Text), Ohnmar Win (Fotografien)

DR. KHEM RAJ NEUPANE, 40 NEPAL, BHARATPUR

KHEM RAJ NEUPANE IST HERR ÜBER MEHRERE VÖLKER. STOLZ BLICKT ER ÜBER SEIN REICH, IN DEM REGES KOMMEN UND GEHEN HERRSCHT. SEINE VÖLKER SIND BIENEN, UND SEIN REICH IST EIN IDYLLISCHER GARTEN NEBEN DER UNIVERSITÄT.

An der Tribhuvan-Universität in Zentral-Nepal lehrt der Agrarwissenschaftler. Sein Spezialgebiet ist die Bienenkunde. Manchmal blickt er ungläubig auf seinen Werdegang zurück. »Nie habe ich gedacht, so weit zu kommen.« Es war dem 40-Jährigen nicht in die Wiege gelegt, dass er eines Tages seinen Doktor machen und als Professor an einer Universität lehren würde. »Aber ich habe schon als Kind davon geträumt, aus meinem Dorf wegzugehen.« Aufgewachsen ist der Bauernjunge mit zwei Schwestern und zwei Brüdern in den sanften Hügeln von Palumtar in Zentral-Nepal. Der Ort ist ein kleines verschlafenes Dörfchen im Gorkha-Distrikt. Von hier stammen die berüchtigten Gurkha-Soldaten. Doch mit diesen martialischen Genossen hat der sanftmütige Herr der Bienen wenig gemein. Schon als kleiner Junge zeichnete Khem Raj Neupane ein starker Entdeckergeist aus – es drängte ihn aus seinem Dorf hinaus.

Er erzählt, wie er durch die bewaldeten Hügel streifte und seine ersten Bienenvölker sammelte. Seine Eltern lehrten ihn die Bienenzucht. Völlig unerschrocken fing er die Völker ein und setzte sie in einen ausgehöhlten Baumstamm, die traditionelle nepalesische Form des Bienenstocks. »Den Honig habe ich selbst gegessen oder an meine Freunde verschenkt«, sagt er und lächelt dabei verschmitzt. Doch sein Entdeckergeist war nur das eine: »Ich war schon immer sehr wissbegierig und wollte Neues lernen und erfahren.« Früh merkten auch seine Eltern, dass aus Khem

Nie hätte es sich der ehemalige Bauernjunge träumen lassen, dass er einmal als Professor Studenten betreuen würde.

Raj einmal mehr werden könnte. Mehr als ein einfacher Bauer, dessen Leben im Hochgebirgsland Nepal besonders hart und entbehrungsreich ist. Deshalb förderten sie ihn nach Kräften. »Meine Mutter starb früh, doch mein Vater trat an ihre Stelle und ermutigte mich umso mehr, zu studieren und etwas aus mir zu machen.«
Das ist ihm gelungen. Heute gehört der Agrarwissenschaftler zu den renommiertesten Fachleuten auf dem Gebiet der Bienenzucht in Nepal. So ist er der Einzige, der in Nepal die künstliche Befruchtung von Bienenköniginnen durchführen kann. Diese Fertigkeit ist von unschätzbarem Wert. Regelmäßig fährt er zu Kongressen und Fortbildungen, auch in Europa war er schon mehrmals.
Befragt man Khem Raj Neupane zu seinen Bienen, wird der sonst eher zurückhaltende 40-Jährige lebhaft und seine Augen leuchten: »Wenn die Menschen die Bienen gut behandeln, behandeln die Bienen auch die Menschen gut.« So bestimmt, wie er das sagt, glaubt man ihm sofort. Geübt öffnet er den Bienenstock und zieht vorsichtig eine Wabe heraus. Hunderte Bienen schieben ihre schwarz-gelben Leiber über- und untereinander – fast sieht es aus, als ob es sich bei der Wabe um ein einziges, großes Lebewesen handeln würde. Was die meisten Menschen ängstigt, ist für ihn Alltag, und er lässt sich von den umherschwirrenden Bienen nicht beirren, auch wenn sie sich auf seiner Hand, dem Arm oder dem Kopf niederlassen. Mit einem Augenzwinkern berichtet er, dass er es nicht unangenehm findet, wenn er gestochen wird. »Ich gebe zu, im ersten Augenblick tut es weh, aber dann fühle ich mich lebendiger.« Für ihn sind die Bienen viel mehr als ein Beruf, sie sind beinahe so etwas wie Freunde. Und er gesteht: »Ich brauche keine anderen Menschen, wenn ich bei den Bienen bin.«
Doch Khem Raj Neupane arbeitet nicht nur als Professor mit seinen Studenten daran, die ertragreichsten Bienenvölker zu züchten. Er ist auch geschäftstüchtig

Khem Raj Neupane hat keine Angst vor dem Stich der Bienen. Er fühlt sich den Tieren sehr verbunden.

Geduldig erklärt Khem Raj Neupane den Bauern in Korak die Regeln der Bienenzucht.

und stellt im Familienbetrieb mit seiner Frau, der Schwägerin sowie sechs Angestellten neben Honig auch Kerzen, Wachs und noch vieles mehr her.
Dabei hat der Wissenschaftler nicht vergessen, wo seine Wurzeln liegen, und will etwas zurückgeben. Regelmäßig fährt er in die Berge im Chitwan-Distrikt und gibt sein Wissen an die Bergbauern dort weiter. Mehrmals im Monat nimmt er dafür die anstrengende Fahrt mit dem Motorrad über holperige Pisten in Kauf, um bis nach Korak zu gelangen. In verstreuten Ansiedlungen, die für Nepal so typisch sind, leben hier die ethnischen Minderheiten der Chepang und Tamang. Die Menschen in Korak zählen zu den ärmsten in Nepal, die meisten von ihnen haben noch nicht einmal eine Grundschule besucht. Für die Dorfbewohner ist es besonders wertvoll, Schulungen in Bienenkunde zu erhalten, denn der Honig ist sehr kostbar. »Die Menschen hier nutzen sonst nur die wilden Bienen, doch die bringen kaum Ertrag.« Seine speziell gezüchteten Bienen hingegen sind besonders fleißig und dabei wenig aggressiv. »Die nepalesischen Wildbienen bringen nur sieben bis acht Kilogramm Honig, die von mir gezüchteten Bienen produzieren hingegen rund 40 Kilo jährlich.« Man sieht, wie stolz er auf sich und seine fleißigen Bienen ist. Vor allem die Blüten des indischen Butterbaums oder Chiuri-Baums, wie er in Nepal genannt wird, liefern kostbaren Nektar. Auch wenn Khem Raj Neupane mittlerweile an der Universität lehrt und in Sachen Bienenzucht durch die ganze Welt reist, hat er den Kontakt zu den einfachen Menschen nicht verloren. Geduldig beantwortet er jede Frage, gibt Tipps und Hinweise. »Ich will etwas von meinem Wissen weitergeben«, sagt er, »denn nicht alle Menschen hatten so viel Glück wie ich im Leben.«

Patricia Summa (Text), Daniel Pilar (Fotografien)

»ICH WILL ETWAS VON MEINEM WISSEN WEITERGEBEN«, SAGT ER, »DENN NICHT ALLE MENSCHEN HATTEN SO VIEL GLÜCK WIE ICH IM LEBEN.«

Im eigenen Betrieb stellt Khem Raj Neupane Honig her, den er unter anderem auf dem Festival für Kleinunternehmer in Kathmandu verkauft.

NAZIR MAY, MITTE 30, PAKISTAN, JHANDHEERA ABAT

GEBLIEBEN IST DEN MENSCHEN IM PUNJAB, IN ZENTRALPAKISTAN, NACH DER GROSSEN FLUT IM SOMMER 2010 IHR WOHL GRÖSSTER BESITZ: IHRE UNBEIRRBARE SOLIDARITÄT. DIE WITWE NAZIR MAY HAT ES ERLEBT.

Die Hoffnung kam völlig unerwartet in Form eines Mannes aus dem Nachbardorf. Nazir May saß vor ihrem Zelt, das seit der Flut ihr Zuhause war. Drei Monate lebte sie dort unter wenigen Quadratmetern Plastikplane mit dem bisschen, was sie vor den Wassermassen retten konnte: ein paar zerschlissene Kleidungsstücke, einige stockfleckige Papiere und ihre jüngste Tochter. Der Mann aus dem Nachbardorf sagte, die Leute hätten beschlossen, für Nazir May ein neues Haus zu bauen. Man habe Bauholz und Steine gesammelt. Das war der Tag, an dem Nazir May wieder zu hoffen begann.

Nazir May sitzt vor ihrem kleinen Haus, das ihr die Menschen aus dem Nachbardorf gebaut haben, neben dem ihrer Eltern. Sie erzählt von ihrem Leben in Jhandheera Abat – ein Dorf im Bundesstaat Punjab, in Zentralpakistan. Dort wo es im Sommer über 50 Grad heiß wird und von Jahr zu Jahr staubiger, dort lebt Nazir May. Die Menschen in dieser Region vertrauen auf zweierlei: auf Allah und auf sich selbst. Es war Ende August 2010, irgendwann nachts, als das Wasser kam. Die Bewohner der Region um Jhandheera Abat waren gewarnt. Sie konnten sich retten und einige wenige Habseligkeiten mitnehmen. Aber mehr auch nicht. Das Wasser kam, die Dörfer versanken, und die Flut weitete sich zur Katastrophe aus. Drei Monate war Nazir May mit ihren Eltern und Leuten aus ihrem Dorf auf der Flucht, in mehreren Camps, und immer wenn sie konnten, haben sie sich gegenseitig geholfen.

Gemeinsam mit ihrer Mutter arbeitet Nazir May für einen Stoffhändler, für den sie Kleider, Steppdecken und Schlafmatten herstellen – der Lohn dafür ist jedoch gering.

Das Leben hat Nazir May vieles abverlangt. In einem Stapel ausgeblichener Papiere sucht sie ihren Pass. Geburtsjahr 1985 steht dort. »Nein«, sagt sie. »Ich muss älter sein.« Eines aber weiß sie noch genau: »Ich war 16, als ich heiraten musste. Seitdem brauchte ich keine eigenen Wünsche mehr zu haben.« Sie sagt das ohne Verbitterung. Frau sein heißt im traditionellen Pakistan, abhängig zu sein: vom Ehemann, von der Familie des Mannes, vom Sohn. Was aber, wenn der Mann stirbt? Von den rund 90 Millionen Frauen in Pakistan leben schätzungsweise drei Millionen als Witwen, und je nach Gegend, je nach Tradition ist ihr Schicksal unterschiedlich.
»Er starb vor 14 Jahren.« Auch das weiß Nazir noch genau. Es war im Jahr nach der Geburt ihrer jüngsten Tochter. Noch eine Weile lebte Nazir bei der Familie des Mannes. »Sie waren nicht gut zu mir. Für sie war ich nicht mehr als eine Sklavin.« Doch dann hielt sie es nicht mehr aus und kehrte zurück zu ihrer Mutter und ihrem Vater. Der Preis, den sie dafür gezahlt hat, ist allerdings hoch: Die älteste Tochter musste sie zurücklassen. »Sie lebt noch immer bei der Familie meines Ehemannes, und ich darf sie nur selten sehen.«
Aus dem Haus holt Nazir May ein Bündel Stoff, ein Kleid, das sie bestickt, während sie weiterredet. Viel wird ihr das nicht bringen, sagt sie, aber immerhin etwas. Wenn sie an Geld denkt, denkt sie an ihre Kinder. Sie stickt und erzählt. Von ihrem 16-jährigen Sohn, Sageer Ahmed, über den die Leute sagen, er sei behindert, und der jetzt als ungelernter Hilfsarbeiter auf Baustellen sein eigenes Geld verdient. Seit drei Monaten, sagt sie, ist er schon in Quetta, einer Stadt an der afghanischen Grenze. Von Jhandheera Abat ist es dorthin eine Weltreise. Nazir kann nur hoffen, dass es ihm dort gut ergeht.
Dann spricht sie von Nadia, ihrer Jüngsten. Da wird sie ernst. Kein Lächeln mehr, kein Stolz, nur Sorge. Krank sei Nadia, aber niemand wisse, was ihr fehlt. Seit dem die 15-Jährige mitansehen musste, wie zwei ihrer Klassenkameradinnen bei einem Unfall auf dem Weg zur Schule starben, spricht sie kaum noch, isst kaum noch, spielt nicht mehr und geht nicht mehr zur Schule. »Irgendwann wird sie wieder zur Schule gehen«, hofft Nazir. Sie muss. Wenn Nazir in ihrem Leben eines

FRAU SEIN HEISST IM TRADITIONELLEN PAKISTAN, ABHÄNGIG ZU SEIN: VOM EHEMANN, VON DER FAMILIE DES MANNES, VOM SOHN. WAS ABER, WENN DER MANN STIRBT?

Nazir May macht sich große Sorgen um ihre Tochter, die seit dem Tod zweier Freundinnen traumatisiert ist.

Gemeinsam mit ihren Eltern kümmert sich die Witwe um ihre drei Kühe und einen Bullen.

Die Fladen aus Dung trocknen an der Hauswand und werden später zum Feuermachen verwendet.

»ICH SELBST HABE KEINE SCHULE BESUCHEN DÜRFEN. ALS JUNGES MÄDCHEN HABE ICH MICH NICHT GEFRAGT, WAS EINMAL AUS MIR WERDEN SOLL.«

gelernt hat, dann, dass Frauen nur eine Chance haben, wenn sie gebildet sind. »Ich selbst habe keine Schule besuchen dürfen. Als junges Mädchen habe ich mich nicht gefragt, was einmal aus mir werden soll.« Doch dann starb ihr Mann. Seitdem sie die Familie ihres Mannes verlassen hat, versucht sie, ein Auskommen zu finden. Sie arbeitet als Haushaltshilfe für reiche Leute in der Nähe von Jhandheera Abat, gemeinsam mit ihren Eltern kümmert sie sich um drei Kühe und einen jungen Bullen, und sie näht. »Jetzt frage ich mich oft, was aus uns werden soll«, sagt sie. Noch arbeitet sie für einen Stoffhändler, gemeinsam mit ihrer Mutter. Zusammen schneidern sie Kleider, Steppdecken, Schlafmatten. Der Händler liefert ihr den Stoff, und die beiden Frauen nähen. Der Preis, den der Händler für die Kleider, Decken und Matten bekommt, ist nicht selten 100 Mal höher als der Lohn für Mutter und Tochter.

Doch das soll sich in den kommenden Monaten ändern. Wieder geht es um Solidarität: Nazir hat sich mit anderen Frauen zusammengetan. Sie sparen gemeinsam Geld, und reihum bekommt jede einen kleinen Kredit. Für Nazir ist dies eine große Chance. Wenn sie sich selber Stoff kaufen kann, näht sie auf eigene Rechnung. Was sie mit dem Geld machen möchte? »Meine Töchter auf eine gute Schule schicken. Dann können sie einen Beruf erlernen, Geld verdienen und dem Dorf nützen.«

Gunnar Rechenburg (Text), Jens Grossmann (Fotografien)

Nazir May hat sich mit anderen Frauen zusammengeschlossen, gemeinsam wollen sie als Schneiderinnen Geld verdienen.

ADEU, 10
LAOS, KHAYSONE

IM BITTERARMEN BERGLAND VON LAOS WIRD JEDE HAND ZUM SATTWERDEN GEBRAUCHT. NICHT ALLE KINDER BEKOMMEN DIE CHANCE ZU LERNEN. DER ZEHNJÄHRIGE ADEU ABER DURFTE SICH SEINEN TRAUM ERFÜLLEN.

Ein Fußball wäre toll. Keiner, den man aus Lumpen oder Plastikzeug zusammenschnürt. Nein, ein richtiger Ball aus dem Laden in der Stadt. Der nach einem Tritt nicht eiert, sondern fliegt. Den wünscht sich Adeu. Doch Jungenträume werden nur manchmal wahr im Dorf Khaysone in den Bergen von Laos.

Und für den Moment ist sowieso Schluss mit Träumen - die Hähne haben mit ihrem morgendlichen Gockelwettbewerb schon alle aus dem Schlaf gerissen. Adeu rollt seine Strohmatte zusammen, die er nachts mit dem jüngeren Bruder Taku teilt – gleich neben der Matratze des Vaters. Dass der als Familienoberhaupt als Einziger weich schläft, ist für Adeu ganz normal. Genauso wie die getrennten Schlafplätze und Hauseingänge für die männlichen und weiblichen Familienmitglieder: Mutter, Tante und Schwestern links, Vater und die Jungs rechts. So war es schon immer Brauch bei den Menschen vom Volk der Mongkong.

Adeus Vorfahren kamen vor 200 Jahren aus dem Norden, ließen sich am Ufer des Selanong-Flusses nieder und nannten ihr Dorf Khaysone. Adeu wurde dort vor zehn Jahren geboren – als erstes der vier Kinder von Aleang und Talong. Der älteste Sohn hat eine besondere Beziehung zum Vater. Zweimal schon durfte Adeu ihn in die Distriktstadt Nong begleiten – 17 Kilometer zu Fuß über rotlehmige Wege und Bäche, bergauf, bergab. An der Seite des Vaters ist dem Jungen kein Weg zu weit. »Eine Jeans und ein T-Shirt hat mir Ampoa in Nong gekauft«, erzählt er stolz. Ampoa bedeutet Papa, so nennen die Kinder ihren Vater Talong.

Die Stadt ist aufregend – mit ihren Märkten und beleuchteten Geschäften, den Garküchen und bunt verputzten Steinhäusern. Ganz anders als Adeus Dorf. Dort

Adeu, umrahmt von seiner Mutter Aleang, die seine kleine Schwester Kampai auf dem Arm hält, der Großtante Asod, seinem Vater Talong und seinen beiden kleinen Geschwistern Amo Gnong und Taku.

Adeus Mutter füllt Reis in eine Schale, in der dieser anschließend geschüttelt wird, um Körner und Spelzen zu trennen.

Das Mahl der Familie ist spärlich, oft muss ein Korb Reis für den ganzen Tag ausreichen.

NUR WER IM DORF RINDER ODER BÜFFEL BESITZT, VERDIENT ETWAS MEHR GELD, ALS ER ZUM ÜBERLEBEN BRAUCHT – DAS SIND NICHT VIELE.

bauen die Menschen ihre Häuser aus Holz und Bambusgeflecht – auf Stelzen, damit Wasser und Schlamm möglichst draußen bleiben. Es gibt keinen Strom, keinen Laden und keinen Markt. Aber jede Woche kommen vietnamesische Händler auf Motorrädern über die nahe Grenze. Einer hat nützliche Dinge wie Plastikschüsseln oder Garn für den Webstuhl im Gepäck. Ein anderer ein Sortiment aus Haarspangen, Sonnenbrillen, Handyattrappen und Halskettchen. Er ist schnell von jungen Mädchen und Jungen umringt; sie bestaunen die Neuigkeiten aus dem Nachbarland, die sie sich niemals kaufen können.

Nur wer in Khaysone Rinder oder Büffel besitzt, verdient etwas mehr Geld, als er zum Überleben braucht – das sind nicht viele im Dorf. Adeus Familie hat ein junges Schwein und ein Huhn, und mit dem Geld, das sein Vater auf der vietnamesischen Kautschuk-Plantage verdient, kauft er Reis von einem Händler aus der Stadt. Da bleibt kaum etwas übrig. »Wir haben nur einen halben Hektar Land«, sagt Talong. »Der Reis, den wir dort anbauen können, reicht gerade für sechs Monate.« So bekommen auch die Kinder schon früh ihre Aufgaben – denn jede Hand wird zum Sattwerden gebraucht. Adeu ist der Fischer in seiner Familie; diese Arbeit muss noch vor dem Frühstück erledigt werden. Im ersten Morgenlicht zieht der Junge die Jeans von der Stange unter dem Dachbalken, die dort zwischen anderen Kleidungsstücken, Fischnetzen, Matten und Körben hängt. Die Zeit, Regen und Sonne haben sie ausgeblichen, aber sie ist Adeus Lieblingsstück. Nur ein paar Meter entfernt zieht träge und schokoladenbraun der Selanong am Dorf vorbei.

Er ist der Lebensfluss von Khaysone, in dem man sich waschen, fischen und wunderbar spielen kann. Allerdings macht er die Menschen auch krank, wenn sie sein

Fischfang gehört zu einer der Aufgaben von Adeu. Noch vor dem Frühstück holt er die Netze ein, die er am Abend ausgebracht hat.

Wasser ungekocht trinken. Das Paddel unterm Arm wartet Adeu am Ufer auf das Boot – es geht morgens von Fischer zu Fischer, weil kaum jemand ein eigenes besitzt. Gezielt paddelt der Zehnjährige am Ufer entlang und findet das Netz, das er abends dort befestigt hat. Drei fingerlange Fische haben sich in der Nacht verfangen; ganz vorsichtig befreit der Junge sie aus den Maschen. »Sie reichen für die Fischpaste zum Frühstück. Mit Chili und Knoblauch schmeckt die richtig gut.« Auch die zwei Hunde des Jungen frühstücken mit. Sie sitzen in der Hütte im Kreis der Familie um Gemüseteller und Reiskörbe und warten geduldig auf das, was auf der Matte liegen bleibt. Meistens sind es ein paar Reiskörner.

Punkt sieben läutet Lehrer Homma die Schulglocke – für Adeu beginnen die spannendsten Stunden des Tages. Der Schulbesuch kostet Geld; für Bücher, Hefte, Stifte, Kleidung, Möbel müssen die Eltern bezahlen. Viele können das nicht, und so sieht man ihre Kinder während der Unterrichtszeit auf den Feldern oder beim Hüten der kleinen Geschwister. Adeu wollte schon als ganz kleiner Junge unbedingt lernen. Die Landessprache Laotisch lesen und schreiben können – das war sein erster Wunsch. Denn für Bru, die Sprache seines Volkes, gibt es keine Schrift. Wie aber soll man Menschen verstehen, die ins Dorf kommen oder in der Stadt wohnen, wenn man nur Bru spricht? Und wie mit Händlern verhandeln, wenn man nicht rechnen kann? Adeu musste seine Eltern nicht überreden. »Wir waren uns von Anfang an einig, dass alle unsere Kinder eine bessere Ausbildung bekommen als wir«, sagt Talong. Er selbst konnte nur wenige Jahre zur Schule gehen, seine Frau Aleang gar nicht.

»Wir sind Schüler, wir müssen lernen.« Mit diesem Lied beginnt Lehrer Homma den Unterricht der vierten Klasse – nur Jungen besuchen die beiden oberen Jahrgänge vier und fünf. Adeu mag eigentlich lieber malen als singen; seine Lieblingsbilder

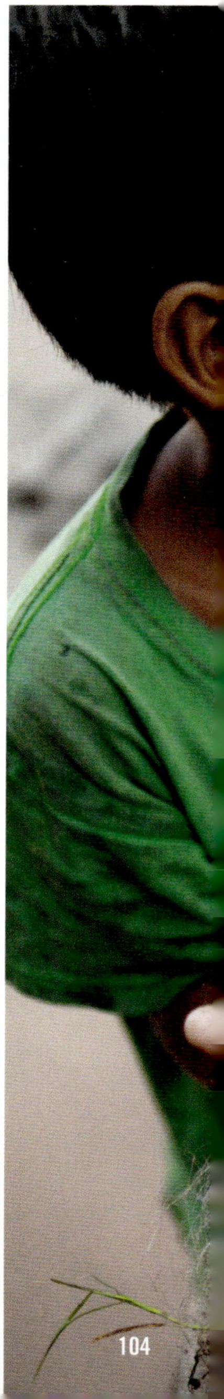

DREI FINGERLANGE FISCHE HABEN SICH IN DER NACHT VERFANGEN. »SIE REICHEN FÜR DIE FISCHPASTE ZUM FRÜHSTÜCK. MIT CHILI UND KNOBLAUCH SCHMECKT DIE RICHTIG GUT.«

Adeu malt lieber, als dass er singt. Doch die Lieder gehören zum Unterricht, denn durch sie lernen die Kinder vieles über den Alltag.

zieren zu Hause die Hüttenwand am Kopfende seiner Schlafmatte: gelbe Fische, bunte Früchte und ein Vogel, der aussieht wie ein Adler, fein und sauber gezeichnet. Aber Lieder gehören zum Unterricht wie der hölzerne Klang der Kuhglocken zum Dorf Khaysone. Es gibt praktische Lieder, die den Alltag erklären und die guten Geister preisen oder Ansporn zum Lernen sind. Und es gibt ein Lied, das Leben retten soll: Sein Text erzählt von den Blindgängern, die in Ackerböden und hohlen Bäumen stecken und die man auf keinen Fall aufheben darf. Im Vietnamkrieg haben die US-Amerikaner auch Laos bombardiert, ohne diesem kleinen Nachbarland jemals den Krieg zu erklären. Ein Lied ist bestens geeignet, Wachsamkeit zu schulen, findet Lehrer Homma. Deshalb lässt er jeden Schüler nach einem Fehler ein Lied singen. Wer alles richtig macht, erntet Applaus von der ganzen Klasse. Wenn der Unterricht um vier Uhr zu Ende ist, erwacht der Selanong noch einmal zum Leben. Frauen und Mädchen schöpfen Wasser in die Kalebassen; Horden von Jungs springen übermütige Saltos vom Uferrand, aus Büschen und Bäumen. Adeu kommt erst mit dem letzten Tageslicht zum Fluss; das Fischnetz muss noch ausgelegt werden. Zum Spielen hatte er keine Zeit. Solange es hell ist, will er lernen für sein großes Ziel: »Lehrer für Mathematik und Englisch möchte ich werden, hier in Khaysone. Damit ich auch gleichzeitig Bauer sein kann – so wie Ampoa.«

Bevor es so weit ist, erfüllt sich ein anderer, etwas kleinerer Traum. Adeu bekommt einen richtigen Fußball aus der Stadt. Als Dank für seine geduldigen Antworten auf so viele Fragen.

Christiane Zander (Text), Eva Häberle (Fotografien)

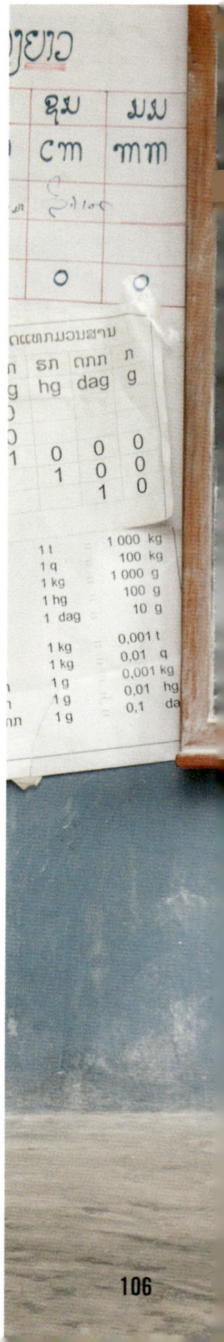

Wenn Schüler so weit entfernt von der Schule wohnen, dass sie mittags nicht nach Hause gehen können, bringen sie sich Klebreis in einem Korb mit wie dieser Schulfreund von Adeu.

»WIR WAREN UNS VON ANFANG AN EINIG, DASS ALLE UNSERE KINDER EINE BESSERE AUSBILDUNG BEKOMMEN ALS WIR«, SAGT TALONG.

Während Adeus Mutter mit Kalebassen Wasser aus dem Fluss holt, nutzt der Zehnjährige die Zeit für ein kurzes kühles Bad.

SWAMI SADANANDA, 68, INDIEN, NIMPITH

»MEIN GOTTESDIENST IST DIE ARBEIT«, BESCHREIBT DER HINDUISTISCHE ABT DIE SEHR PRAKTISCHE AUFFASSUNG SEINES GLAUBENS. ER IST EINE RESPEKTSPERSON UND WEISS, WIE ER MIT DEN RICHTIGEN ANWEISUNGEN MENSCHEN HELFEN KANN.

Swami Sadananda ist es nicht gewohnt, über sich selbst zu sprechen. »Ich bin Abt«, sagt er. »Ich bin dazu da, Anweisungen entgegenzunehmen. Das ist alles.«
Auf Englisch haben beide Begriffe den gleichen Stamm: »ordinary« ist der Abt, »order« die Anweisung. Swami gefällt dieses Wortspiel – obwohl es natürlich auch ein bisschen Koketterie mit der großen Ehrerbietung ist, die ihm die Menschen in seiner Umgebung entgegenbringen. Wenn der Abt einen Raum betritt, springen alle Anwesenden von ihren Stühlen und neigen die Köpfe. Swami lacht sein glucksendes Lachen, so dass sein runder Bauch in der safrangelben Robe hüpft, seine Augen funkeln amüsiert hinter der Hornbrille.
Trotzdem sagt dieser kleine Scherz schon sehr viel über den 68-Jährigen, der seit 30 Jahren dem Sri Ramkrishna Ashram Nimpith im indischen Bundesstaat Westbengalen vorsteht. Swami Sadananda lebt und arbeitet nicht für seinen persönlichen Ehrgeiz oder gar Wohlstand, sondern für das Wohl der Menschen in den Sundarbans. »Die Arbeit ist mein Gottesdienst«, sagt er. »Indem ich den Menschen diene, diene ich Gott.« Es ist eine sehr praktische Vorstellung von Gottesverehrung. Zwar betet und meditiert Swami jeden Morgen ab halb fünf im kleinen Tempel des Ashram. Danach aber gehört seine ganze Aufmerksamkeit und Energie den Menschen, die ihn jeden Tag aufsuchen – den Familien, die um einen Fahrdienst ins nächste Krankenhaus bitten, den Männern, die nach Arbeit fragen.
Er stammt selbst aus einem Dorf auf einer der kleinen Inseln im Ganges-Delta, er ist dort mit acht Geschwistern aufgewachsen. Und er hat am eigenen Leib erlebt, wie

Eine Frau ist im Tempelgarten des Sri Ramkrishna Ashram Nimpith ins Gebet versunken.

es ist, wenn Zyklone hier in regelmäßigen Abständen ganze Ernten und die knappen Ackerflächen vernichten. Wie danach der Hunger grassiert unter den Frauen und Kindern, wenn die Männer auf Arbeitssuche in den großen Städten sind. Schon der Ordensgründer Swami Vivekananda hatte erkannt, dass vor allem die Frauen der Sundarbans der besonderen Förderung bedurften. Swami Sadananda führt den Ashram in seinem Sinne weiter. Dabei geht es aber nicht um Almosen und schöne Worte. Swami Sadananda und seine Mitarbeiter wollen erreichen, dass die Frauen auf eigenen Beinen stehen, selbst etwas tun können, um ihre Kinder und sich selbst besser zu ernähren. Ein Satz von Mahatma Gandhi fasst es für ihn am besten zusammen: »Wenn du einem Mann eine Ausbildung schenkst, bildest du einen Menschen aus. Wenn du einer Frau eine Ausbildung schenkst, bildest du eine ganze Familie aus.«

Für dieses Lebensziel hat Swami Sadananda bei seinem Eintritt in den Orden ein großes Opfer gebracht: Nach dem Studium im Ashram war für ihn klar, dass er Novize bleiben wollte – und sich damit endgültig von einem Leben in der Nähe seiner Mutter und der Familie verabschieden musste. Der Weg von Nimpith auf die kleinen entlegenen Inseln kann wegen der schlechten Straßen und der häufigen Überschwemmungen leicht zu einer Tagesreise werden. Seine Mutter habe ihn lange nicht gehen lassen wollen, erzählt Swami Sadananda mit einem heiteren Lächeln. »Erst als ich zu ihr gesagt habe: ›Mutter, ich muss gehen, um anderen Müttern zu helfen‹, hat sie mir ihren Segen gegeben.« Ob ihm seine Familie fehlt? Swami Sadananda stutzt, es scheint fast, als hätte er sich diese Frage noch nie gestellt. Dann gluckst er amüsiert. »Nein! Wo denken Sie hin? Ich habe doch hier 6000 Töchter und Söhne!«

»WENN DU EINEM MANN EINE AUSBILDUNG SCHENKST, BILDEST DU EINEN MENSCHEN AUS. WENN DU EINER FRAU EINE AUSBILDUNG SCHENKST, BILDEST DU EINE GANZE FAMILIE AUS.«

Seit nunmehr 30 Jahren steht der 68-jährige Mönch dem Sri Ramkrishna Ashram Nimpith vor und hält alle Fäden fest in der Hand.

NACH DEM STUDIUM IM ASHRAM WAR FÜR IHN KLAR, DASS ER NOVIZE BLEIBEN WOLLTE – UND SICH DAMIT ENDGÜLTIG VON EINEM LEBEN IN DER NÄHE SEINER MUTTER UND DER FAMILIE VERABSCHIEDEN MUSSTE.

Einst wollte ihn seine Mutter nicht gehen lassen – erst als er ihr sagte: »Mutter, ich muss gehen, um anderen Müttern zu helfen«, hat sie ihm ihren Segen erteilt.

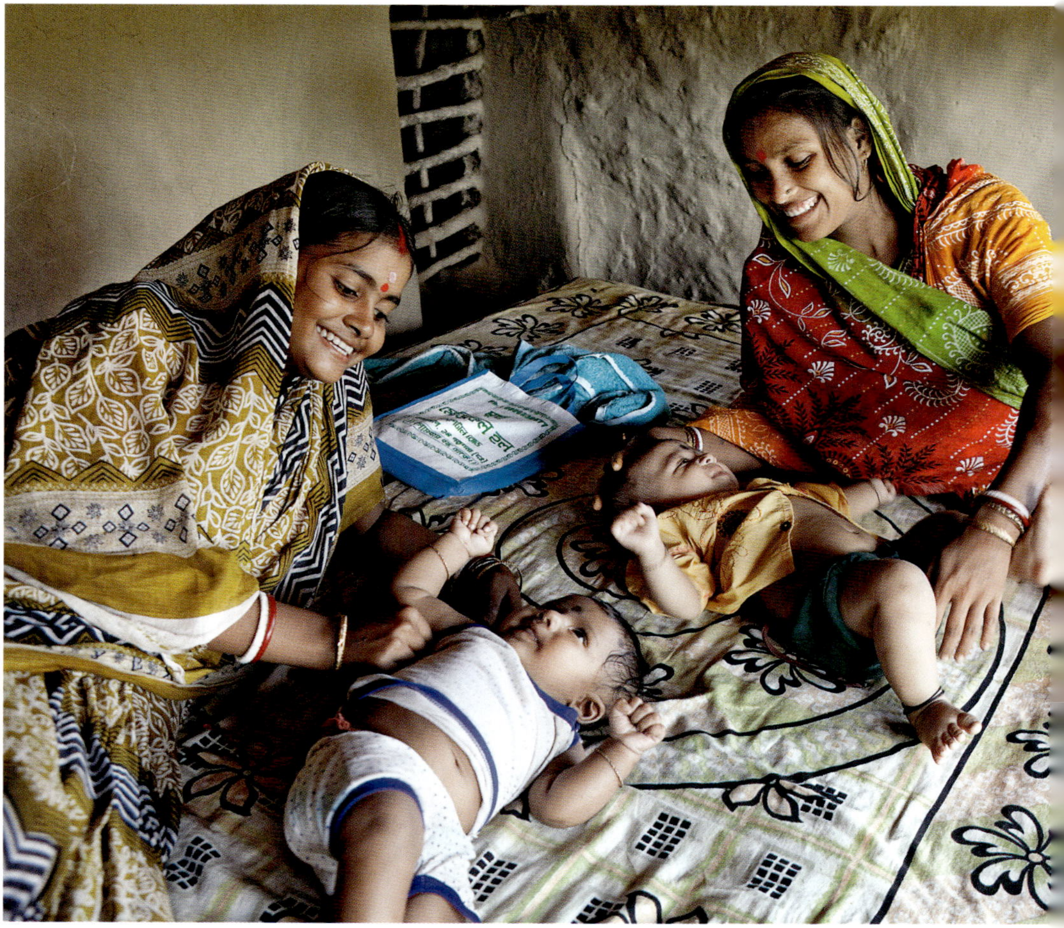

Swami Sadananda sieht alle im Ashram als seine Familie an.

Swami Sadananda meint die Kinder in den elf Schulen, die der Ashram in der Region gebaut hat – sie sind Teil der wohltätigen Arbeit, neben der Gesundheitsvorsorge, dem Bau von Straßen, der Einführung neuer Ackerbaumethoden, dem Aufbau von Märkten, Kleinindustrie und vielem mehr.

Aber auch seinen Mitarbeitern im Ashram gegenüber verhält sich Swami Sadananda wie ein liebender, aber strenger Vater. Wenn er im Morgengrauen seinen Platz auf der Veranda vor dem Büro eingenommen hat, mit Regierungsvertretern telefoniert oder angereisten Dorfbewohnern spricht – also besagte »Anweisungen« entgegennimmt –, dann stört ihn niemand ohne Grund. Geschenke an den Ashram, wie zum Beispiel den großen Beutel mit Plastikkugelschreibern aus Deutschland, teilt er gerecht unter seinen Mitarbeitern aus. Die tägliche Essenausgabe an bedürftige Alte aus den Dörfern übernimmt er gerne selbst. Genauso wie er es sich nicht nehmen lässt, sich beim Abendessen persönlich um das Wohl seiner Gäste zu kümmern, hier noch einen Löffel Reis nachlegt, dort noch ein süßes Küchlein platziert. Widerstand zwecklos.

Seine Mitarbeiter sind es auch, die liebevoll lächelnd verraten, dass Swami Sadananda in seiner knapp bemessenen Freizeit gerne spazieren geht, in seinem Transistorradio indische Volksmusik hört und am liebsten die Stücke der fahrenden Theaterbühnen sieht, die auf dem Marktplatz von Nimpith gastieren. Liebe, Eifersucht, Neid – Swami Sadananda mag die Geschichten, die das Leben schreibt. Einzige Voraussetzung: Sie müssen ein Happy End haben. So wie er sich das auch aus tiefstem Herzen für die Menschen der Sundarbans wünscht

Nina Berendonk (Text), Silke Wernet (Fotografien)

ILIJA TROJANOW

DIE FOLGEN EINES UNFALLS. EINE GESCHICHTE AUS BOMBAY

Die Zeit vergeht nicht. Ich vergehe.
Hinter einer zerbrochenen Windschutzscheibe, und einzig die Angst, ob nicht ein Lastwagen in den umgekippten Wagen rast.
Noch lebe ich.
Unzählige Hände ziehen mich heraus, Hände, die sich kurz zuvor im rhythmischen Einklang in die Höhe gestreckt hatten, als böten sie dem Himmel Blüten dar. Sie ziehen mich wie ein Neugeborenes heraus, das sich im Mutterleib schräg gelegt hat. Sie betasten mich, ob noch alles an mir dran ist. Sie tragen mich mit dem besorgten Stolz der Hebamme an den Straßenrand.
Zu dem zerbissenen Bürgersteig.
Was feiern Sie? Frage ich.
Hochzeit.
Ich habe Ihre Feier gestört.
Trinken Sie! Sie müssen etwas trinken.
Ein Mann im aufgeknöpften Livree drückt mir ein Tablett gegen das zerknüllte Hemd, darauf kleine Plastikbecher mit Wasser. Der Becher zittert, das Wasser platscht auf mein Hemd.
Sie sind nicht verletzt?
Nein, ich glaube nicht.
Trinken Sie.
Sie müssen ruhig bleiben.
Machen Sie sich keine Sorgen.
Auf einmal bin ich vergessen.
Ich könnte in ein anderes Auto steigen und wegfahren, ich könnte ins nächste Restaurant schlendern und ein Thali bestellen. Die Männer schreien eins zwei drei, hieven den Wagen hoch, lassen ihn auf seine Räder plumpsen. Er sieht aus wie ein Boxer mit

eingeschlagener linker Gesichtshälfte.
Wir dürfen uns verabschieden?
Alles ist in Ordnung jetzt?
Tschalo!
Die Trommler schlagen wieder, die Hochzeitsprozession zieht weiter. Mein Wagen steht quer zum Verkehr, er wirkt überflüssig. Ein schnurrbärtiger älterer Mann wäscht seine Hände in Luft und flüstert und flüstert, bis ich begreife, dass er zu mir spricht.
... mit dem Verdienstausfall, die Reparatur, bestimmt zwei Tage, ich verdiene nichts, das müssen Sie berücksichtigen ...
Ich muss ein Taxi gerammt haben, bevor ich das Lenkrad umriss und der Jeep zur Seite kippte. Sein Wagen hingegen hat nur eine Delle abbekommen. Eine kleine Ohrfeige.
Ein Auto hält neben mir an, ein Handy wird aus dem Fenster gereicht.
Sie wollen den Abschleppdienst anrufen, ihren Mechaniker vielleicht.
Der Taxifahrer redet derweil weiter.
Ich weiß die Nummer nicht.
Dann werden wir für Sie anrufen.
Der alte Mann wird von einigen Schaulustigen unterbrochen. Obwohl ich den Unfall verschuldet habe, scheinen sie mich als Schutzbefohlenen anzusehen. Sie widersprechen dem Taxifahrer. Der Wagen steht quer zum Verkehr, und ich verstehe keinen ihrer Einwände. Am Hemdsärmel zieht mich jemand in ein geflüstertes Vertrauen.

WIRKLICH EIN DUMMER UNFALL, GANZ UND GAR ÜBERFLÜSSIG. ABER WIR HABEN UNS KENNENGELERNT.

Lassen Sie sich die Rechnung zeigen, bevor Sie ihm etwas zahlen. Bestehen Sie darauf, mit dem Eigentümer zu reden. Drücken Sie ihm tausend Rupien in die Hand, dann ist alles erledigt.
Der Taxifahrer begnügt sich mit meiner Visitenkarte.
Er fährt weg. So langsam, als würde er nur in den Rückspiegel blicken.

Der Taxifahrer steht vor der Tür. Er habe mir etwas persönlich zu überreichen. Er wagt sich in Schüben in das Wohnzimmer hinein. Anstatt einer Rechnung überreicht er mir eine Schachtel. Eingewickelt in eine ausdrückliche Empfehlung der »Tewari Brothers«. Süßigkeiten in verschiedenen Farben. In der Form von Früchten. Erst nach einigem Zureden nimmt er ein Glas Wasser an, das er in einem Zug leert. Die Rechnung von der Werkstatt ist fein säuberlich zusammengefaltet in ein Kuvert gesteckt. Sie führt jeden einzelnen Reparaturschritt minutiös auf. Der Betrag ist bescheiden.

Wirklich ein dummer Unfall, ganz und gar überflüssig.

Meine Frau hat gesagt, es war kein Unglück.

Ja nun, es wurde niemand verletzt, Glück im Unglück.

Ein Segen für uns, das hat meine Frau gesagt.

Es hätte schlimmer ausgehen können.

Wir haben uns kennengelernt. Es ist wirklich glimpflich ausgegangen.

Wir hätten Sie gerne bei uns zu Gast. Am Sonntag? Bitte kommen Sie zu uns, zum Mittagessen, wenn es Ihnen recht ist. Ich hoffe, Sie essen vegetarisch?

Wie hätte ich nein sagen sollen?

Ich war von seiner Güte gefangen genommen.

Er rief an und bestand darauf, dass er mich abholt, denn ich würde ja ein Taxi nehmen müssen, das war klar, und wenn schon Taxi, dann dürfe es nur sein Taxi sein.

Das Taxi wartet vor der Einfahrt, wie verabredet. Der alte Mann begrüßt mich wie einen Verwandten, den er endlich wieder trifft. Er biegt nach rechts ab und fährt über die Brücke. Die Leute haben mich vor dieser Seite der Bahnlinie gewarnt, als ich hier eingezogen bin. Eine moslemische Gegend, und zudem Rotlichtbezirk. Schlechte Schauspielerinnen stehen vor Hauseingängen, halb der Straße zugewandt. Dieses Viertel, so lautete eine weitere Warnung, sei voller illegaler Kneipen, in denen man erblindet, wenn man das Teufelszeug trinkt, das dort ausgeschenkt wird.

Auf der Straße wimmelt es von Menschen. Wir kriechen durch die Massen, die der Fahrer mit seiner hupenden Hand teilt.

Wohnen Sie in dieser Gegend? Frage ich.

Aber nein, Sir. Hier leben nicht solche wie ich.

Er lacht.

Wieso fahren wir dann hier entlang?

> ICH BITTE SIE, ENTSPANNEN SIE SICH. ICH WERDE SIE NIEMALS IN GEFAHR BRINGEN. WIR STEHEN UNS DOCH JETZT NAHE.

Abkürzung. Große Abkürzung.

Wir sind stehen geblieben. Sieben spindeldürre Männer stöhnen hinter einer schweren Last. Sie können den geschobenen Karren kaum lenken, und der Lastwagenfahrer will nicht warten, und ein Junge flitzt mit Teegläsern zwischen dem Karren und dem LKW hindurch, und drei Matronen entsteigen einem Auto, das in zweiter Reihe hält, und mein Taxifahrer kämmt sich die Haare, während er mir wieder einmal zulächelt, und im Radio wird verkündet, dass Sonia Gandhi, Vorsitzende der Kongress-Partei ...

Es geht weder vor noch zurück.

Ich bitte Sie, Sahib, entspannen Sie sich. Ich werde Sie niemals in Gefahr bringen. Wir stehen uns doch jetzt nahe.

Ein Aufdringlicher beginnt, unsere Scheiben zu bespucken.

Geben Sie ihm auf gar keinen Fall Geld.

So weit kommt es noch, dass wir jene bezahlen, die ihre eigene Spucke wegwischen.

Der Taxifahrer lacht, wischt sich den Schweiß von der Stirn und sagt: Meine Frau.

Ihre Frau?

Meine Frau hatte recht. Ich hätte lieber in eine Klimaanlage investieren sollen. Sie sagte: Wer will schon bei diesem Straßenlärm noch den Krach von Bollywood hören?

In diesem Augenblick fällt mir auf, dass mein Hemd schon pitschnass ist.

Ein Moped zwängt sich auf dem Bürgersteig durch die Gaffer und die schlechte Luft. Eine Gemüseverkäuferin

ICH WEISS NICHT, WAS IHR MANN IHNEN ERZÄHLT HAT ... ICH HÖRE DOCH NICHT AUF IHN. NUR AUF DAS SCHICKSAL.

bietet mir vom Bürgersteig aus eine Gurke an. Dann einen Kürbis. Schließlich eine Handvoll Okra.
Ich habe Ihnen gar nicht erzählt, was es zu Mittag gibt. Wissen Sie, was Puranpori sind? Chapati kennen Sie bestimmt. Puranpori sind gefüllte, süße Chapati. Ich liebe sie über alles. Mein Vater liebte sie auch. Es gab bei uns zu Hause immer Wettkämpfe, wer mehr von ihnen essen kann.
Bestimmt haben Sie gewonnen.
Nein, mein Vater war unschlagbar. Sie unterschätzen den Appetit alter Männer.
Und Sie unterschätzen diesen Stau.
Nein, Sir. Die Polizei wird bald kommen. Sie fürchtet Unruhen.
Tatsächlich. Plötzlich versickert die Aggression, und das Hupen gewinnt wieder an Sinn.
Wir rucken weiter.
Wir müssen noch Süßigkeiten einkaufen.
Nicht für mich.
Es muss sein. Ohne Süßigkeiten kann ich mich nicht nach Hause wagen. Ich kenne einen Laden gleich um die Ecke. Ich habe dem Ladeninhaber gesagt, dass Sie mein Bruder sind.
Wie bitte?
Damit Sie hier immer gut bedient werden.
Bruder?
Wie der Sohn eines Onkels, den ich nicht gekannt habe.
Ich kaufe auch eine Packung Cashewnüsse.
Im Taxi kauen wir langsam die Nüsse und hören wieder die Nachrichten im Radio.

Irgendwann kommen wir an. Der Taxifahrer parkt neben einigen Halbstarken.
Auf den Stufen im Treppenhaus liegen Menschen, ausgestreckt auf Matten und Decken. Beim Ausweichen verliere ich das Gleichgewicht und trete auf einen der Schlafenden. Anstatt mich am Hosenbein zu packen, dreht sich der Liegende auf die andere Seite und ruft im Halbschlaf etwas aus.
Der Taxifahrer antwortet ihm und beginnt, völlig unvermutet, zu singen. Die Strophe wird in den zweiten Stock getragen, der Refrain erfolgt im dritten, die nächste Strophe im vierten. Der Refrain ist leicht zu verstehen.
Das ist das Leben, oder
So heißt das Leben, oder
Nenne das Leben beim Namen, oder
So sollte das Leben sein.
Wie ist Ihr Name? Frage ich den Taxifahrer vor seiner Haustür.
Sanjay Mukhwaskar, Sahib.
Hör mit diesem Sahib auf, sonst esse ich keine Puranpori.
Er scheint entsetzt zu sein.
Das war ein Witz, Sanjay.
Er lacht unsicher.
Die Tür geht auf, und ich werde von einem duftenden Lächeln empfangen.
Sie müssen die Schuhe nicht ausziehen. Sagt Sanjay.
Ich bin so froh, Sie endlich kennenzulernen. Sagt Sanjays Frau.
Ich weiß nicht, was Ihr Mann Ihnen erzählt hat ...
Ich höre doch nicht auf ihn.
Nur auf das Schicksal.

Ich habe acht Puranpori gegessen. Seine Frau lächelte mich die ganze Zeit an, bis ich mich wohlfühlte. Als ich nach Hause kam, dunkelte es schon, und ich war müde und satt. Ich legte mich ins Bett. Die Melodie aus dem Treppenhaus ging mir nicht mehr aus dem Kopf. Und auch nicht, was Sanjays Frau zum Abschied sagte: Kommen Sie jederzeit wieder. Sie gehören jetzt zur Familie.

Silke Wernet (Fotografien)

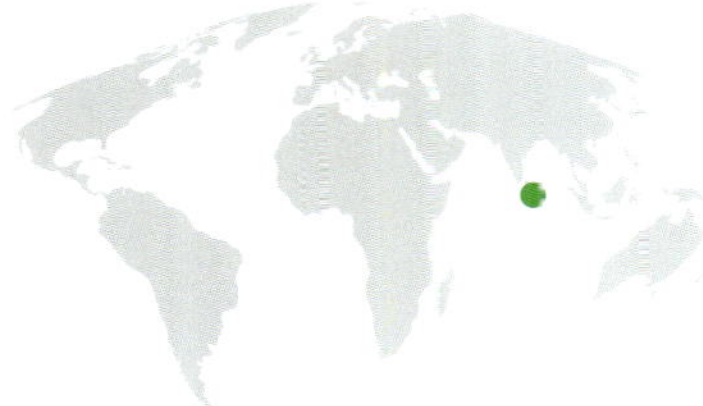

ANNET ROYCE, 40 SRI LANKA, VAVUNIYA

»FRIEDEN BESTEHT AUS VIELEN KLEINEN SCHRITTEN«, WEISS ANNET ROYCE, DIE DURCH DEN DIENST AM NÄCHSTEN EINEN BEITRAG ZUR AUSSÖHNUNG VON TAMILEN UND SINGHALESEN IN SRI LANKA LEISTEN WILL.

Am Anfang standen Shakespeare und William Wordsworth, der romantische Lieblingsdichter von Annet Royce, die sich auskennt mit englischer Literatur. Doch wann sie zuletzt ein belletristisches Buch gelesen hat, weiß die 40-Jährige nicht mehr genau. Es muss schon lange her sein. Annet Royce wirkt allerdings nicht so, als würde sie das bedauern. Wenn sie heute etwas liest, dann sind es Studien über die Entwicklung ihrer Heimat, den kriegerischen Norden Sri Lankas. Und das ist für die Frau mit dem herzlichen, entwaffnenden Lachen selbstverständlich, denn sie hat ein Aufbaustudium Entwicklungszusammenarbeit in Colombo absolviert. Sie ist aber auch eine Frau der Tat, die anpacken will und die eine tiefe Freude empfindet, wenn sie spürt, dass sich etwas bewegt, was sie angestoßen hat.
Die Zeit mit den Dichtern und Denkern bereut sie keinesfalls, das war einfach eine andere Epoche. Oder spielte auch das Bedürfnis mit, ihrem Vater nachzufolgen? Sie lächelt etwas verlegen, als ob sie bei einer kleinen Peinlichkeit ertappt worden sei. Das verdeckt aber nicht den Stolz auf ihren Vater und das gemeinsame Erbe: »Er war Englischlehrer und Zeitungsredakteur in Jaffna, unserer Metropole. So wurde ich in eine Welt hineingeboren, in der Bildung und Tradition eine wichtige Rolle gespielt haben.« Die Familie gehört zur christlichen Minderheit unter den Tamilen. Während der Kolonialzeit wurden die besser gebildeten Tamilen von den Briten eingesetzt, um die Mehrheit der Singhalesen im Land von der Macht fernzuhalten – womit die Wurzeln des Konflikts gelegt waren.
Die Umstände waren es, die Annet Royce zu dem gemacht haben, was sie heute ist: eine Frau im Brennpunkt der Auseinandersetzungen zwischen Tamilen und

Ihre Kinder sind das Wichtigste für Annet Royce – wie ihr neunjähriger Sohn Anton Anushanth.

Seit dem Jahr 2000 sind Annet und ihr Mann verheiratet – seinen Namen trägt sie als Kette um ihren Hals.

Für Annet Royce ist das Gedenken an ihren verstorbenen Großvater wichtig, deshalb hängt sein Bild im Wohnzimmer in ihrem Haus in Vavuniya.

»BEI DEN KASTEN GEHT ES NICHT NUR UM RELIGION. ES GEHT UM SOZIALEN STATUS.«

Singhalesen – beide Gruppen tun sich auch nach dem Ende des 30-jährigen Bürgerkriegs schwer mit der Versöhnung. Wie es sich für eine Tochter aus gutem Hause gehörte, absolvierte sie eine höhere Schule in Jaffna. Schon als Jugendliche schrieb sie Gedichte. Sie gingen verloren in den Kriegswirren, doch das quittiert Annet Royce mit einem herzlichen Lachen, heute zählen andere Fähigkeiten. Nach der Schule endete die fragile Normalität. Der Bürgerkrieg zwang die Familie zur Flucht, und Annet Royce begann ihr Studium in Vavuniya und Colombo. Während dieser Zeit lernte sie ihren späteren Ehemann kennen, was zunächst zu familiären Turbulenzen führte. Der Kommilitone stammte von der Nordküste, woraus ihre Eltern den Schluss zogen, es handele sich um einen Sohn von Fischern aus einer niederen Kaste. So jemand wäre als Schwiegersohn undenkbar gewesen, doch zum Glück der frisch Verliebten stellte sich heraus, dass beide der gleichen Kaste angehören.

Der leicht entsetzten Reaktion des Besuchers darüber, dass selbst unter den christlichen Tamilen – den gebildeten zudem – das Kastensystem noch so lebendig ist, begegnet Annet Royce einmal mehr mit einem entwaffnenden Lachen: »Natürlich, wir sind doch alle Tamilen. Und bei den Kasten geht es nicht nur um Religion, es geht um den sozialen Status.« Da erübrigt sich jede weitere Diskussion. Bis zur Hochzeit, ganz in Weiß, im Jahre 2000 arbeitete sie als Englischlehrerin, danach begann sie bei Sewa Lanka mit humanitärer Arbeit.

Bei dieser Arbeit spielten die Kasten, die ethnische beziehungsweise religiöse Zugehörigkeit keine Rolle mehr. Im Büro von Sewa Lanka in Vavuniya arbeiten Singhalesen und Tamilen; Buddhisten, Hindus und Christen. Und Annet Royce hat inzwischen an Trainingsprogrammen in Japan und auf den Philippinen sowie an einem Praktikum bei BRAC (Bangladesh Rural Advancement Committee) teilge-

Der direkte Kontakt mit den Menschen ist Annet Royce wichtig. Nur wenn alles gemeinsam beschlossen wird, gelingen ihre Vorhaben.

»FRIEDEN BESTEHT AUS VIELEN KLEINEN SCHRITTEN.«

nommen und ihren Horizont bei Aufenthalten in Thailand, Singapur, England und der Schweiz erweitert. Heute trägt sie als stellvertretende Planungsdirektorin für den gesamten Norden eine große Verantwortung. Ihr Einsatzbereich umfasst fünf Distrikte, und neben den landwirtschaftlichen Programmen ist sie für den Wiederaufbau der Infrastruktur, Rücksiedlungsprojekte und die Weiterbildung der ländlichen Bevölkerung zuständig. Sie muss planen, koordinieren und benötigt viel diplomatisches Geschick.

Annet Royce arbeitet mit den Menschen in Dörfern, die besonders unter dem Krieg gelitten haben und immer wieder fliehen mussten. Aus eigener Kraft sind sie kaum in der Lage, zu einem Leben in Frieden und Würde zurückzufinden: »Frieden besteht aus vielen kleinen Schritten«, ist ihre Überzeugung; zum Beispiel den Vertriebenen zu helfen, ihre alten Ländereien zurückzubekommen, sie mit Saatgut zu versorgen, damit sie für sich selbst genügend Lebensmittel anbauen und verkaufen können, sowie Schulunterricht für die Kinder zu organisieren.

»Ein dankbarer Blick einer Frau oder eines Mannes, die zum ersten Mal nach langer Zeit wieder ein festes Dach über dem Kopf haben und wissen, wovon die Kinder in der nächsten Zeit leben können, ist doch viel wertvoller als alle Shakespeare-Lektüre.« Und um ganz sicher zu gehen, fügt sie nach einer kurzen Pause hinzu: »Oder?« Wer könnte Annet Royce schon widersprechen? Nicht nur wenn es um Shakespeare geht. Vielleicht fängt sie auch wieder an zu schreiben. Nein, keine Poesie, wie abwegig. Aber die Geschichte des Wiederaufbaus ihrer Heimat, die würde sie gern zu Papier bringen.

Klemens Ludwig (Text), Monika Nutz (Fotografien)

Zu den Aufgaben von Annet Royce gehört es, zu planen und zu koordinieren – häufig benötigt sie hierfür viel diplomatisches Geschick.

MOHAMMAD BILAL, 38, PAKISTAN, DEDAR WALA

»JEDEN TAG AUFS NEUE« IST DIE DEVISE VON MOHAMMAD BILAL. DAS LEBEN HAT DEN HAGEREN, GROSSEN MANN GEZEICHNET. ABER SEINE KINDER, DAVON IST ER ÜBERZEUGT, WERDEN ES BESSER HABEN ALS ER.

Was bleiben für Träume, wenn man drei Mal im Leben alles verliert? Mohammad Bilal weiß, wie es ist, immer wieder aufs Neue zu hoffen. Darauf, dass das Leben besser läuft, dass doch noch alles gut wird. Und wenn schon nicht für sich selbst, dann zumindest für seine Kinder. Fünf hat er – eines muss es schaffen.
Mohammad Bilal wäre gerne etwas anderes geworden als Bauer. »Aber ich hatte wohl keine andere Wahl«, sagt er und schiebt Grünzeug in den Häcksler. Immer wieder ist ihm der viel zu lange rechte Ärmel seines Arbeitshemdes dabei im Weg. Wenn er ihn hochschiebt, sieht man einen Stumpf, dort, wo einmal seine rechte Hand gewesen ist. Er schiebt die Pflanzen mit dem Stumpf in den Häcksler. Hinten fliegt der Schnitt heraus und sammelt sich in einem Haufen auf dem sandigen Boden vor Bilals Haus. Es ist früh am Morgen. Mohammad Bilal muss das Vieh füttern. Schon als Kind musste er das. »Gras schneiden, klein häckseln, verfüttern.« Und dabei ist es passiert. Nur einen kurzen Moment hatte er nicht aufgepasst: Der rechte Arm wurde in den Häcksler gezogen. Bilal war damals gerade sieben. »Ich dachte, ich würde mal irgendetwas mit meinen Händen erreichen können. Aber mit einer ist das schwierig. Manchmal jedenfalls«, sagt er, blickt kurz vom Häcksler auf, und man weiß, dass Bilal keiner ist, der sich leicht unterkriegen lässt.
»Ich war gut in der Schule, habe die Highschool absolviert und begonnen, Mathematik zu studieren.« Gerne hätte er in einem Ministerium oder in der Verwaltung gearbeitet, vielleicht in der Distrikthauptstadt Muzaffargarh, im Punjab, in

Die Flut hat der siebenköpfigen Familie die Lebensgrundlage genommen. Nun muss sie ganz von vorne beginnen.

Bei der Arbeit an einer ähnlichen Maschine hat Mohammad Bilal vor vielen Jahren aus Unachtsamkeit seine Hand verloren.

Seit dem Unfall, den er mit sieben Jahren erlitt, fehlt Mohammad die rechte Hand.

»ICH WAR GUT IN DER SCHULE, HABE DIE HIGHSCHOOL ABSOLVIERT UND BEGONNEN, MATHEMATIK ZU STUDIEREN.«

Zentralpakistan. Dort hätte er ein besseres Leben führen können – er und seine Familie. Doch dann ist sein Vater gestorben und er musste auch diesen Traum begraben. »Ich habe von ihm den Hof übernommen mit Rindern, einer kleinen Hühnerzucht und Ackerflächen. Es ging uns gut. Wir konnten gut von dem Erwirtschafteten leben.«
2010 schlug das Schicksal wieder zu: Im Sommer begann es in Pakistan zu regnen. Tage, Wochen. Zunächst brachen die Dämme der großen Flüsse im Norden, innerhalb weniger Wochen standen zwei Drittel des Landes unter Wasser. Auch Dedar Wala, das Dorf, in dem Mohammad den Hof seines Vaters übernommen hatte. »Das Wasser ist sehr langsam gekommen«, sagt Bilal heute. »Verwandte hatten uns gewarnt, aber wir konnten uns nicht vorstellen, dass die Flut wirklich bis zu unseren Häusern reichen würde.« Doch sie kam. »Um ein Uhr nachts habe ich die Tiere an einen höher gelegenen Ort gebracht.« Morgens, irgendwann zwischen fünf und sechs – es wurde gerade hell –, sind sie dann, er, seine Frau und seine Kinder, aufgebrochen. Wenige Tage später stand das Wasser in Dedar Wala fast drei Meter hoch. Als Mohammad Bilal im September zurückkehrte, war von dem Dorf so gut wie nichts mehr übrig. »Wir mussten ganz von vorne anfangen«, sagt er und füttert seine Kuh und die drei jungen Rinder mit Gras.
Seine Tage, sagt er, seien seit Jahren gleich. Nach dem Morgengebet füttert er die Tiere, dann geht er entweder aufs Feld, oder er bietet sich als ungelernter Arbeiter an – auf dem Bau, als Erntehelfer, was immer gebraucht wird. Normalerweise, sagt er, sei er durch die fehlende Hand nicht sonderlich eingeschränkt. »Aber es

MOHAMMAD BILAL VERZAGT NICHT, ER WILL ETWAS BEWEGEN – FÜR SICH UND FÜR ANDERE. »LETZTENDLICH«, SAGT ER, »KANN ES NUR IN DER GEMEINSCHAFT FUNKTIONIEREN.«

Der 38-Jährige hatte immer davon geträumt, zu studieren und aus seinem Dorf wegzuziehen. Doch dann ist sein Vater gestorben, und er musste den Hof übernehmen.

Der Familienvater möchte, dass seine Kinder es einmal besser haben als er – dafür arbeitet er hart.

gibt Arbeiten, die ich mit einer Hand nicht erledigen kann.« Dann sei er schon verzweifelt. Manchmal. Neben seinem Haus hat Bilal ein kleines Stück Land. Dort baut er zwischen Sommer und Winter Zucker an. Derzeit ist Ernte. Mit einem Beil schlägt er die Zuckerrohrstangen ab, befreit sie von den schilfartigen Blättern und bündelt sie. Die Arbeit ist hart, aber der Lohn für Zucker ist niedrig. Der Aufkäufer, ein Mittelsmann, zahlt gerade mal sieben Rupien für 40 Kilo, sagt Bilal. Sechs Cent für rund zehn Stangen Zucker.

Doch er verzagt nicht, er will etwas bewegen – für sich und für andere. Auch deshalb engagiert er sich für sein Dorf. Bilal ist stellvertretender Gemeindevorsitzender. »Letztendlich«, sagt er, »kann es nur in der Gemeinschaft funktionieren.« Sie alle würden unter derselben Armut leiden, so wie sie alle alles während der Flut verloren hätten. Und für Bilal ist klar, dass sie eben auch alle gleichermaßen anpacken müssen, wenn sich etwas ändern soll in Dedar Wala. Wofür sie kämpfen? »Sauberes Wasser, Strom, bessere Schulbildung für die Kinder.«

Muhammad Waqas, sein Sohn, besucht die Grundschule, so oft es geht. Sein Vater wünscht sich, dass er eine gute Ausbildung bekommt. »Das Problem ist nur, dass wir uns eine gute Schule mit guten Lehrern nicht leisten können.« Aber sie sparen und hoffen, dass es irgendwann besser wird, dass irgendwann so viel Geld da sein wird, um wenigstens die Kinder zu retten – vor der Armut, dem Ausgeliefertsein, dem Warten darauf, was das Schicksal mit ihnen vorhat.

Am Abend, wenn die Arbeit getan ist, bleibt manchmal Zeit, durchs Dorf zu gehen. Am Rande ist ein kleines Sportfeld. Einige junge Männer spielen dort Volleyball. Mohammad Bilal nicht: »Aber ich schau es mir sehr gerne an.«

Gunnar Rechenburg (Text), Jens Grossmann (Fotografien)

SOUPHASIT BOUNYAVONG, 53 LAOS, VIENTIANE

LEBEN NACH EINER LAOTISCHEN WEISHEIT: WER NICHT AUS DEM DORF GEHT, SIEHT DIE WELT NICHT. WER DAS LERNEN NICHT SUCHT, WIRD KEIN WISSEN HABEN.

Das große Glück begegnete ihm am anderen Ende der Welt: 8000 Kilometer von seiner Heimat Laos entfernt fand Souphasit Bounyavong in Deutschland die Frau seines Lebens. Keine Ost-West-Liebe, sondern eine Ost-Ost-Geschichte, schön wie eine Vorsehung: Bouakham wurde wie Souphasit in Laos geboren. Die 18-Jährige war gerade erst in Weimar angekommen; in der Stadt, in der Souphasit schon drei Jahre studierte. Es war das Jahr 1984. Die Demokratische Volksrepublik Laos schickte ihre besten Abiturienten mit einem Stipendium in befreundete Staaten – Sowjetunion, Kuba, Vietnam, Ungarn, DDR. Wählen konnten die Schüler weder Land noch Studienfach. Souphasit war jeder Ort willkommen »Hauptsache studieren und ins Ausland, egal wo. Wir wussten ja sowieso nicht, wie es dort aussieht.« Es hatte geschneit, als der 22-Jährige 1981 in Ostberlin landete – die erste große Reise seines Lebens dauerte 18 Flugstunden und hätte nicht weltumspannender sein können. »Die breiten Straßen, Eisenbahnen, wie die Menschen lebten; wir konnten dort essen, was wir wollten. Alles war ganz anders als bei uns zu Hause, wo wir in Hütten wohnten.«
Souphasit kam in den Monsun-Regenwäldern der nördlichen Provinz Luang Namtha als viertes von sieben Geschwistern zur Welt – und wurde in einen Bürgerkrieg hineingeboren. Als er drei Jahre alt war, verschärfte sich der Machtkampf zwischen der Regierung des Königreichs Laos, das von den USA unterstützt wurde, und den kommunistischen Revolutionären der Pathet Lao. Die Familie musste die

1981 kam Souphasit Bounyavong als 22-Jähriger nach Ostberlin. Noch heute schaut er sich gerne die Bilder an, die damals entstanden.

Auch seine 19-jährige Tochter Nanhsouda interessiert sich für die Erlebnisse ihrer Eltern in der ehemaligen DDR.

DER ALLTAG WIRD LEICHTER, WENN MAN SINGT UND TANZT.

Farm verlassen, die sie ernährte. Zusammen mit Hunderten Bauernfamilien flohen sie vor dem Krieg Richtung Südwesten in die Nachbarprovinz Bokeo. »200 Kilometer waren wir zu Fuß unterwegs – zwei Nächte und drei Tage lang.« Souphasit Bounyavong erinnert sich genau an diese erste Flucht, die nur der Anfang war von einer ganzen Kindheit in Gefahr. »Wir zogen von einem Ort zum anderen, sogar über die Grenze nach Thailand und wieder zurück. Meine Eltern pflanzten Bergreis, wo immer wir uns niederließen; er reichte gerade zum Überleben.« Doch Souphasit fand Glücksmomente im Kriegsnomadenalltag: die Schulstunden. Wo es keine Schule gab, bauten die Eltern einen Klassenraum für ihre Kinder. »Die Schule war für mich eine große Freude.«

Der Krieg endete, die USA hatten Laos bombardiert, wie kein anderes Land zuvor und danach bombardiert worden ist. Die Pathet Lao gründete 1975 die Demokratische Volksrepublik Laos, und Souphasits Eltern beschlossen, auf die Farm seiner frühen Kindheit zurückzukehren. Er war 16 Jahre alt – und in sein Leben kam Musik. Im Kulturzentrum von Luang Namtha studierte Souphasit sechs Monate Tanz und Gesang, um dann drei Jahre lang diese große Leidenschaft an Mädchen und Jungen in den Dörfern seiner Heimat weiterzugeben. Die Menschen waren bitterarm, und noch immer flackerten im unwegsamen Bergland bewaffnete Kämpfe auf; selbst Souphasit musste jetzt noch lernen, wie man schießt. Aber der Alltag wird leichter, wenn man singt und tanzt.

Musik begleitete Souphasit 1980 in die Hauptstadt Vientiane. Am Tag büffelte er fürs Abitur, abends spielte er Schlagzeug in der Band des großen Bruders. Hat er die Lieder der Heimat in Deutschland vermisst? Ein bisschen – aber dort forderten die aufregende Fremde und das Studium der Forstwirtschaft seine Aufmerksamkeit; die ersten drei Jahre in Weimar, die weiteren drei in Schwerin. Briefe und Besuche

Immer noch ist der Tanz die große Leidenschaft des 53-Jährigen.

Dem Agrarfachmann liegt vor allem der Schutz der Umwelt am Herzen. Auch in der Projektarbeit ist er bemüht, dies nicht aus den Augen zu verlieren.

belebten in jener Zeit die junge Beziehung zwischen Souphasit und Bouakham, die mittlerweile in Neuruppin ebenfalls Forstwirtschaft studierte.
Als die Mauer fiel, lernte Bouakhams und Souphasits Sohn gerade laufen; sie waren zwei Jahre zuvor nach Laos zurückgekehrt und hatten geheiratet. Deutschland, dessen Sprache er bis heute fließend spricht, lässt den Fachmann für Agrar- und Forstwirtschaft nicht mehr los. Immer wieder reist er um die halbe Welt, um sich weiterzubilden – »Wer das Lernen nicht sucht, wird kein Wissen haben«. Ein Weiser muss dieses laotische Sprichwort für Souphasit erfunden haben.
Seit vielen Jahren widmet er sein Wissen über Entwicklungsarbeit den Bergvölkern in Laos, denn dort wird es noch dringender gebraucht als an vielen anderen Orten der Erde. »Es gibt natürlich Ausnahmen. Aber vor allem in den ländlichen Gebieten begegnet mir oft große Armut. Ich bin sehr traurig, dass die Menschen so schlecht leben müssen – während es mir in Vientiane viel besser geht.«
Seit der Jahrtausendwende arbeitet Souphasit Bounyavong als nationaler Programm-Koordinator für die Welthungerhilfe; entwirft zusammen mit den Not leidenden Dorfgemeinschaften Auswege aus Hunger und Armut. Damit die Menschen nicht mehr um das reine Überleben kämpfen müssen. Damit die Kinder in die Schule gehen anstatt auf das Feld.
In den letzten Jahren hat Laos einen massiven wirtschaftlichen Aufschwung erlebt, doch nicht alle Menschen im Land profitieren von dieser Entwicklung. »Es gibt noch viel zu tun«, sagt Souphasit. »Vor allem müssen wir darauf achten, dass wir unsere natürlichen Ressourcen wie Bodenschätze und Wälder nachhaltig nutzen – damit sie auch für unsere Kinder bewahrt bleiben.«
Souphasit Bounyavong hat in Deutschland Wohlstand gesehen – das hat ihn inspiriert. »Aber wir müssen natürlich unseren eigenen, laotischen Weg gehen. Und das braucht Zeit. Zuerst einmal benötigen wir gute Lehrer, gute Ärzte und Gesundheitsstationen, gute Ingenieure und Entwicklungsplaner.«
Gute Musiker gibt es in Laos schon immer.

Christiane Zander (Text), Jörg Böthling (Fotografien)

»ES GIBT NOCH VIEL ZU TUN.«

DR. KEK GALABRU, 70 KAMBODSCHA, PHNOM PENH

»HEIMAT IST DER ORT, FÜR DEN MAN LEBT UND KÄMPFT«, SAGT DIE ZIERLICHE FRAU, DIE EINE MENSCHENRECHTS-ORGANISATION GEGRÜNDET UND IMMER WIEDER MASSIVE BEDROHUNGEN ERLEBT HAT.

Wo ist Heimat? In Kanada, nach den vielen Jahren im Exil? In Paris, der Stadt ihres zweiten Mannes, in die sie schon als junge Frau mit den Eltern floh? Ist es Frankfurt, wo die Tochter lebt? Oder der Platz unter dem surrenden Ventilator, in ihrem feucht-heißen Büro in Phnom Penh? »Heimat«, sagt Dr. Kek Galabru und klopft sachte mit der Innenfläche ihrer schmalen Hand auf das dunkle Holz des Schreibtisches, »ist hier, in Kambodscha. Heimat ist der Ort, für den man lebt. Und kämpft. Ich wusste immer, ich kann nicht ewig im Exil bleiben. Ich muss etwas für mein Land tun. Auch das ist mein Leben.«

Dieses Leben erfordert Mut. Kek Galabru, offener Blick, fester, warmer Händedruck, langes, noch immer tiefschwarzes Haar, hat viel davon. Sie brauchte und braucht diesen Mut in ihrem langen Kampf für Menschenrechte. Bedroht wurde die zierliche Frau oft genug. In den 70er-Jahren von den Roten Khmer, einer maoistisch-nationalistischen Guerillabewegung, die das Land vier Jahre lang blutig unterdrückte und in einem Genozid das Leben von zwei Millionen Menschen auslöschte. Bedroht auch heute, dieses Mal von den Schergen des Premierministers Hun Sen. »Viele davon sind Mörder«, sagt Kek Galabru.

Die von ihr 1992 gegründete Menschenrechtsorganisation LICADHO ist dem Regime ein Dorn im Auge. Erst kürzlich mussten wieder zwei ihrer Mitarbeiter im Ausland Exil suchen. Sie würden, drohte eine Stimme am anderen Ende der Telefonleitung, im Gefängnis landen, wenn sie weiterhin Opfer von Landraub und Missbrauch

Kek Galabru ist ausgebildete Ärztin, auch wenn sie heute kaum noch wie hier in einem der Flüchtlingslager praktiziert.

Im Umsiedlungslager Phnom Bath, 40 Kilometer vor den Toren Phnom Penhs, leben die Menschen ohne Strom, Wasser oder medizinische Versorgung.

Im Flüchtlingslager Phnom Bath hat eine Familie ein »Geisterhäuschen« aufgehängt, welches das neue Zuhause aus Wellblech und Pappe beschützen soll.

»MENSCHENRECHTSAKTIVIST – DAS IST FÜR UNSERE REGIERUNG EIN SYNONYM FÜR STAATSFEIND.«

juristisch verträten oder Bürger über ihre Rechte als Wähler aufklärten. Den Druck der Mehrheitspartei spürt nicht nur LICADHO. Auch ausländische Nichtregierungsorganisationen versucht Hun Sen, seit 1985 im Amt, zum Schweigen zu bringen. »Sich als Nichtregierungsorganisation zu registrieren, wird immer schwieriger«, sagt Kek Galabru. »Menschenrechtsaktivist – das ist für unsere Regierung ein Synonym für Staatsfeind.«

Woher nimmt sie, inzwischen 70, diese Kraft zu kämpfen? In Kambodscha zu bleiben, nicht selbst zu flüchten? Es sind die Opfer, die bei ihr und den Mitstreitern von LICADHO Hilfe suchen. Frauen, geschlagen von ihren Männern. Kinder, vergewaltigt von einem Nachbarn oder Verwandten – in dem vom Krieg traumatisierten Land bricht die Gewalt auch im Privaten immer wieder urplötzlich aus. Opfer auch wie die unzähligen Bauern, die von korrupten Politikern oder reichen Konzernmanagern von ihrem Land vertrieben werden, damit diese dort Weizen oder Ölpalmen anbauen können; Produkte, mit denen sich gut spekulieren und viel Geld verdienen lässt. Es sind diese Opfer, die Kek Galabru ermutigen durchzuhalten.

»Du siehst die Tränen in ihren Augen. Ihre Erleichterung und Hoffnung, wenn sie bei uns ankommen. Und du weißt, dass du zwar gehen kannst – sie aber bleiben müssen. Würden wir ausreisen, blieben 100.000 Menschen zurück, die nicht wissen, wohin sie sich sonst wenden und wie sie sich wehren könnten. Menschen, die uns vertrauen.«

Ihren Mut, sagt Kek Galabru, habe sie geerbt: »Das ist genetisch, du hast keine Wahl – es ist dein vorgezeichneter Weg.« Auch ihre Mutter, »eine visionäre Frau«, war Ende der 1950er-Jahre die erste weibliche Abgeordnete im Parlament. Später war sie sogar Ministerin, erst für Soziales, dann für Gesundheit, und als Person »sehr stark«. Sie und auch der Vater waren es, die Kek Galabru ermutigten, Medizin

Viele alte Stadtviertel in Phnom Penh werden verkauft und zerstört. Die arme Bevölkerung wird vertrieben und hat die Konsequenzen zu tragen.

»WAS KAMBODSCHA BRAUCHT«, SAGT KEK GALABRU, »DAS IST EIN MANDELA.« JEMANDEN, DER DAS TIEF GESPALTENE UND HOCH TRAUMATISIERTE LAND VERSÖHNT. »EINEN HEILER.«

zu studieren. Die ihr beibrachten, wie wichtig es ist, Rückgrat zu zeigen – eine Haltung, die sie auch ihren drei Kindern weitergegeben hat. Ebenso wie den Rat, unabhängig zu werden und zu bleiben, finanziell wie auch im Geiste. Wie der Mutter, so wurde auch ihr, der Tochter, immer wieder eine politische Laufbahn in Aussicht gestellt, selbst von Hun Sen. Sie könne, lockte der Staatschef vor etlichen Jahren, das Land nach dem grausamen Bürgerkrieg doch mitgestalten – vorausgesetzt, sie arrangiere sich mit der regierenden Partei. Kek Galabru lehnte ab: »Ich bin zu pragmatisch für die Politik. Ich lasse mich nicht kaufen. Positionen sind mir unwichtig. Wichtig ist Unabhängigkeit.« Seit ihrem Nein drangsaliert Hun Sens Machtapparat die Mitarbeiter von LICADHO noch massiver.
»Was Kambodscha braucht«, sagt Kek Galabru, »das ist ein Mandela.« Jemanden, der das tief gespaltene und hoch traumatisierte Land versöhnt. »Einen Heiler«, sagt Kek Galabru, die Ärztin. Auch sie versuche noch immer zu heilen. Weniger die Körper als die Seelen – die Seelen derjenigen, die Hilfe bei ihr suchen. »Wenn du ein Opfer von Menschenrechtsverbrechen und -verstößen geworden bist, dann sind deine Seele und deine Psyche krank und verletzt«, sagt Kek Galabru. »Im Grunde habe ich mich mit meiner Arbeit für die Menschenrechte von meinem ursprünglichen Beruf als Medizinerin nie weit entfernt.« In Kambodscha, diesem von Gewalt und Misstrauen so zermürbten Land, könnte diese Versöhnung gelingen, glaubt Kek Galabru, »90 Prozent der Kambodschaner sind Buddhisten, und Buddhisten

Kek Galabru ist immer im Einsatz und eilt von einem Termin zum nächsten.

»BUDDHISMUS UND MENSCHENRECHTE – BEIDES SIND DIE FLÜGEL DESSELBEN VOGELS, DERSELBEN IDEE.«

Bei einem Radiointerview wirbt die 70-Jährige für die Rechte der Menschen, die keine Lobby haben.

sind bereit zu vergeben, in die Zukunft zu schauen«. Buddhismus sei eine Religion, die auch zu ihr passe – »weil sie dich zu nichts zwingt. Buddhismus ist eine Religion für das Herz und die Seele. Buddhismus und Menschenrechte – beides sind die Flügel desselben Vogels, derselben Idee.«
Ist sie glücklich? »Zumindest bin ich kein unglücklicher Mensch«, sagt Kek Galabru und zitiert ihren Vater: »Mag sein, dass es heute regnet. Aber es wird nicht immer regnen.« Diesen Satz hörte sie oft von ihm. Und doch gibt es Phasen, in denen sie frustriert ist, deprimiert, mutlos. »Wir kämpfen und kämpfen, doch die Macht im Land liegt noch immer in den Händen einiger weniger Männer und Frauen, die über alles, über Polizei, Armee, Justiz und die Menschen, dominieren.« Manchmal, in solchen Phasen der Hoffnungslosigkeit, reist sie nach Frankfurt oder Paris. Ein, zwei Monate lang, nie länger. Sie könnte dort bleiben und »ein tolles, ein sicheres Leben führen«. Und doch kehrt sie immer wieder nach Kambodscha zurück: »Ich bin noch nicht fertig. Ich habe noch nicht alles für mein Land getan.« »Schau doch«, fügt sie hinzu, »was gerade in Nordafrika passiert. Tag für Tag wandelt sich das Leben. Und ich will in Kambodscha sein, wenn sich hier die Dinge ändern.«

Martina Hahn (Text), Silke Wernet (Fotografien)

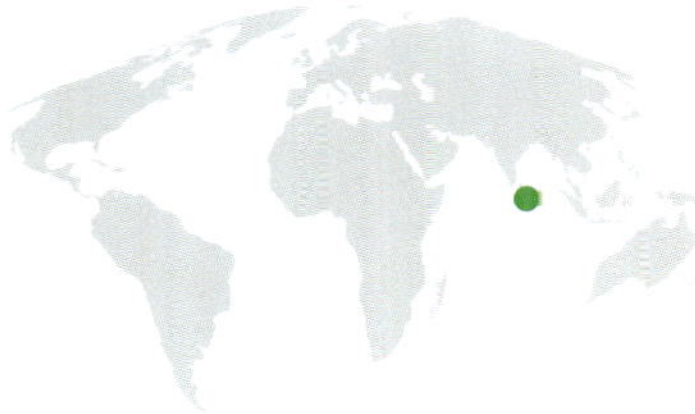

MANJUSRI, 29 SRI LANKA, ANURADHAPURA

SEINE VISION IST ES, IN SRI LANKA EIN GEMEINSAMES HAUS FÜR BUDDHISTEN, HINDUS, CHRISTEN UND MUSLIME ZU BAUEN. EINE HERAUSFORDERUNG FÜR DEN BUDDHISTISCHEN MÖNCH, DER SEIN LEBEN GANZ BEWUSST NICHT NUR DEN LEHREN BUDDHAS WIDMET.

Falsche Bescheidenheit ist ihm fremd. Der junge Mönch trägt bereits eine große Verantwortung, und dessen ist er sich bewusst. Sein Stammkloster Ratnapura im Süden Sri Lankas sieht er selten, auch dessen Ableger bei Colombo zu besuchen, wo sich seine Klause befindet, hat er nur selten Gelegenheit. Die meiste Zeit verbringt Manjusri im Islander Center im Norden des Landes, nicht weit von dem Touristenziel Anuradhapura. Dort wurde mit Unterstützung der Welthungerhilfe ein Begegnungszentrum aufgebaut, das jugendliche Singhalesen und Tamilen zusammenführt, um dem fragilen Frieden in Sri Lanka eine Basis zu geben.
Eine solche Herausforderung ist genau das Richtige für den gerade einmal 29-Jährigen. »Fast so lange, wie ich lebe, herrschte Krieg hier oben, und es gab keinen Austausch untereinander. Weil die Menschen sich nicht kannten, waren sie empfänglich für jede Form von Schreckenspropaganda. Wenn wir den Teufelskreis durchbrechen wollen, müssen wir an der Basis beginnen und die jungen Menschen zusammenführen. Dann merken sie, dass sie sich ähnlicher sind, als sie denken.«
Souveräne Gesten unterstreichen die Bedeutung seiner Worte. Manjusri fixiert seine Umgebung mit wachen Augen, sein kahlgeschorener Kopf unterstützt deren Wirkung.
Schon sehr früh spürte er das Bedürfnis, Mönch zu werden, und »bis heute habe ich diesen Schritt nie bereut. Die Freiheit, die aus der Nachfolge Buddhas erwächst,

Fächer, Handy und Buch von Manjusri liegen in seinem Zimmer griffbereit.

»FAST SO LANGE, WIE ICH LEBE, HERRSCHTE KRIEG HIER OBEN, UND ES GAB KEINEN AUSTAUSCH UNTER-EINANDER. WEIL DIE MENSCHEN SICH NICHT KANNTEN.«

hätte ich als Laie mit Familie niemals.« Er sagt es mit einem Augenzwinkern. Offensichtlich geht es ihm nicht nur um die innere Freiheit. Den asiatischen Gesellschaften wird häufig nachgesagt, dass der Einzelne mit seinen Bedürfnissen hinter dem Kollektiv oder der Familie zurücktreten müsse. Manjusri straft diese Vorstellung Lügen. Er weiß, was er will.

Schon als Kind war das Kloster in seinem Dorf Massema im Süden der Insel sein wichtigster Anlaufpunkt, wenn zunächst auch nur auf spielerische Weise. Der Abt wurde jedoch auf ihn aufmerksam und regte an, er solle der Gemeinschaft der Mönche, Sangha genannt, beitreten. Damals war er gerade 13 Jahre alt, und seine Eltern waren von der Idee nicht angetan, doch die Meinung des Abtes zählte mehr. »Eine Prüfung hatte ich jedoch zu bestehen«, erinnert er sich schmunzelnd, »der Abt wollte unbedingt mein Horoskop sehen. Als er sich damit vertraut gemacht hatte, war für ihn klar, dass ich den Weg des Mönches gehen müsse.«

Während die meisten Mönche ein Studium der Philosophie oder Religion vorziehen, interessierte sich Manjusri nicht nur für die Lehren Buddhas, sondern auch für menschliche Abgründe. Deshalb studierte er nach seinem Schulabschluss Kriminologie an einer öffentlichen Universität. Ein ungewöhnlicher Schritt, aber passend für ihn. Es war die Zeit, als der Bürgerkrieg zwischen Tamilen und Singhalesen einen Höhepunkt erreicht hatte und auch die Hochschulen Ziel von Anschlägen waren. 2006 konnte er endlich sein Examen ablegen.

Anschließend blieb die Sangha seine Basis, doch das Kloster war nicht sein Ort, obwohl sich ihm die Möglichkeit bot, dort als Lehrer für Buddhismus und Pali, die Sprache der heiligen Schriften, zu wirken. Stattdessen fand er bei Sewa Lanka (deutsch: Dienst an Sri Lanka), einer vom Buddhismus inspirierten Laienorganisation, eine Anstellung, die seinen Ambitionen entsprach. Den Friedensprozess zwischen Tamilen und Singhalesen zu unterstützen, sieht er als eine besondere

Sein Weg als Mönch erschien bereits im Horoskop vorgezeichnet. Das Studium der Schriften gehört ebenso wie Meditation zu seinen religiösen Pflichten.

»SRI LANKA MUSS EIN HAUS FÜR ALLE SEIN, FÜR BUDDHISTEN UND HINDUS, CHRISTEN UND MUSLIME.«

Verantwortung gerade als Mönch: »Ich bin mir bewusst, dass unter den hinduistischen Tamilen große Vorbehalte gegenüber dem buddhistischen Klerus bestehen. Ihre Führer haben immer wieder ein Zerrbild von uns gemalt, als diejenigen, die sie von ihrem Glauben entfremden wollen. Na ja, leider gibt es auch Mönche, die diesem Bild entsprechen. Dem will ich etwas entgegensetzen, denn Sri Lanka muss ein Haus für alle sein, für Buddhisten und Hindus, Christen und Muslime. Und es ist besser, dieses Haus aufzubauen, als es abzubrennen.«

Das Islander Center ist für Manjusri auch ein Tor zur Welt. Delegationen aus Japan, Indien oder Deutschland finden sich ein, um sich ein Bild vom Friedensprozess zu machen oder um einen Ort der Kontemplation aufzusuchen. Aber Manjusri wäre nicht Manjusri, würde er das Tor zur Welt als Einbahnstraße betrachten. Ebenso gern wie er Besucher aus dem Ausland empfängt, reist er selbst: »Ich will meinen Horizont durch eigene Erfahrungen erweitern, nicht nur durch die Erzählungen von anderen. Man wird ja auch nicht satt, wenn einem andere vom Essen erzählen.«

Indien hat er bereits dreimal besucht, auch Thailand, China und Deutschland, zu einem Fortbildungsseminar in München, inklusive bayerischer Landeskunde. Am besten erinnert er sich an das Schloss Neuschwanstein.

»Was wir in Sri Lanka anstreben, Versöhnung durch Austausch, muss auf die gesamte Welt ausgeweitet werden. Wir müssen uns begegnen, uns kennenlernen und damit Vorurteile abbauen, die zu Missverständnissen und Kriegen führen.«

Noch während er redet, schweift sein Blick vom Auge des Gegenübers ab in ferne Welten. Dann wird er still, und es geziemt sich nicht, weitere Fragen zu stellen. Womöglich sieht er seine Visionen dort verwirklicht.

Klemens Ludwig (Text), Monika Nutz (Fotografien)

Freundschaftliches Nachbarschaftsgespräch bei einer Tasse Tee im Islander Center.

J. FLORES
V

JORGE FLORES, 28 NICARAGUA, ESTELÍ

EIN FEUERWEHRMANN IN DEN BERGEN NICARAGUAS – AUF DEN BREITEN SCHULTERN VON JORGE FLORES LASTET EINE GROSSE VERANTWORTUNG, UND ER IST DER GEFRAGTESTE MANN SEINES DORFES.

89 38 07 40 – diese Telefonnummer scheint in ganz Estelí bekannt zu sein. Jorge Flores ist ein Star in der kleinen Stadt in den Bergen Nicaraguas. 1,76 Meter groß, 106 Kilogramm schwer, Schultern so breit wie ein Schrank, ein neckisches Grübchen am Kinn und immer einen flotten Spruch auf den Lippen. Ständig erhält er Anrufe und SMS. Jorge Flores ist immer erreichbar. Schließlich könnte es ein Notfall sein. Mit neun Jahren tat er das, wovon Jungs in seinem Alter sonst nur träumen: Er wurde Feuerwehrmann. Die Feuerwehr der Stadt im Norden Nicaraguas litt unter Personalmangel, der Chef sah in dem kräftigen Jungen Potenzial und lud ihn ein zur Jugendgruppe. Jorge willigte ein, aus Jux und Tollerei. Und er blieb dabei – weil ihm die Kameradschaft gefiel, die Übungen, die Ausflüge. Und er fand seine Berufung mit 15 Jahren, als Hurrikan Mitch das mittelamerikanische Land verwüstete und Jorge zusammen mit seinen älteren Kollegen um Mitternacht gerufen wurde. Um ihn herum ein einziges Chaos aus Wasser, Schlamm, verzweifelten Menschen, zerstörten Häusern.

Jorge behielt die Nerven und holte eine 80-Jährige aus einem überschwemmten Haus. »Sie hat mich ganz fest umarmt und mir gedankt. Da musste ich weinen und bekam auf einmal so viel Kraft, die ganze Nacht durch zu arbeiten und anderen zu helfen«, erinnert er sich. Die Feuerwehr war damals die einzige Instanz, die rasch zur Stelle war. Aber es fehlte an Ausrüstung, an Training, an Personal. Nur zwei Rettungsfahrzeuge waren einsatzbereit, zehn Mann trainiert. Das Ausmaß der Katastrophe überforderte alle. Tagelang waren sie im Einsatz. Bis zur Erschöpfung. »Jeder Mensch hat seine Berufung, und in dem Moment habe ich sie gefunden«, sagt Jorge. Inzwischen ist aus dem Teenager von damals ein stattlicher Familien-

»ICH WILL IM EINSATZ STERBEN. MEIN LEBEN FÜR DAS EINER GERETTETEN PERSON, DAS WÄRE DIE ERFÜLLUNG FÜR MICH.«

Jorge Flores erklärt einem jungen Freiwilligen, worauf es bei der Katastrophenübung ankommt.

In einer Übung, die den Ernstfall möglichst genau simulieren soll, lernen die Helfer, Opfer zu bergen.

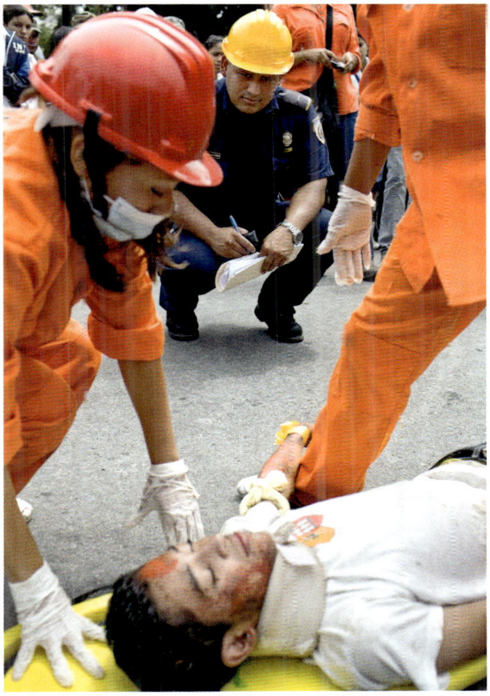

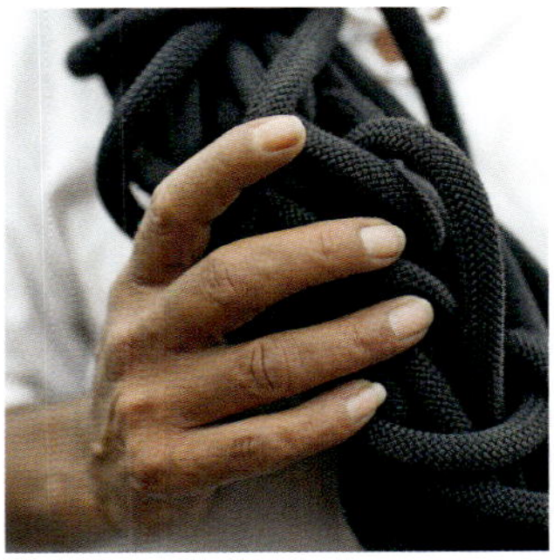

vater geworden, aus dem Gefühl von damals ein Lebensinhalt. Nicaragua ist ein Land der Katastrophen: Vulkanausbrüche, Erdbeben, Hurrikane, Überschwemmungen. Jeder Einsatz eine Grenzerfahrung. Dutzende von Menschenleben hat Jorge gerettet, aber auch viel Schreckliches erlebt. Autounfälle, den Verlust eines geliebten Freundes und Kollegen, der in einen reißenden Fluss fiel, weil das Sicherungsseil riss. Das Leuchten verschwindet aus seinem Gesicht, wenn er davon erzählt. Der ständige Spagat zwischen Leben und Tod hat seine Spuren hinterlassen. Seine Mutter hat nie verstanden, warum ihr Sohn sein Leben für andere riskiert, warum er Sätze sagt wie: »Ich will im Einsatz sterben. Mein Leben für das einer geretteten Person, das wäre die Erfüllung für mich.«
Aber sie ist stolz auf den Unteroffizier in seiner schmucken, dunkelblauen Uniform, mittlerweile Leiter des Rettungskommandos. Umschwärmt von den Mädchen, respektiert von den Älteren, der Mittelpunkt aller Familienfeiern, Ehrengast bei jedem Dorffest. Denn der 28-Jährige war maßgeblich daran beteiligt, die Feuerwehr zu professionalisieren und im ganzen Landkreis freiwillige Rettungsbrigaden auszubilden. Finanziell unterstützt hat das Projekt die Welthungerhilfe, doch erst dank Jorges Engagement konnte sich das zarte Pflänzlein zur leuchtenden Blüte entfalten. Heute gibt es in Estelí vier Einsatzwagen, 16 Profi-Feuerwehrleute und Hunderte von Freiwilligen in den umliegenden Landgemeinden, die bei Jorge gelernt haben, wie man Verletzte versorgt und transportiert, wie man Bäume erklettert und sich über reißende Flüsse hangelt. »Die Freiwilligenbrigaden sind ein ganz neues Konzept des Katastrophenschutzes«, sagt Jorge. Und er ist stolz wie Oskar, als eine von ihm ausgebildete Rettungsbrigade beim alljährlichen Regionalwettbewerb eine

Mit Engagement bei der Sache – die Freiwilligen der Rettungsbrigaden proben den Ernstfall. Sie alle hat Jorge Flores ausgebildet.

JORGE FLORES WAR STOLZ WIE OSKAR, ALS DIE VON IHM AUSGEBILDETE BRIGADE BEI EINEM WETTBEWERB EINE ÜBUNG IN DER HÄLFTE DER ZEIT SCHAFFTE.

Übung in der Hälfte der vorgegebenen Zeit erledigen kann. Dass er ein glücklicher Mensch ist, erfüllt, mit sich und seiner Umwelt im Reinen, muss Jorge nicht aussprechen, man sieht es ihm an. Er hat kein Auto, keinen Flachbildschirm, kein Smartphone – nur ein bescheidenes Häuschen am Rande von Estelí, in dem er mit seiner Frau und den beiden Kleinkindern wohnt. Luxus ist ihm auch nicht wichtig. Jorge träumt von anderen Dingen. Er hat erlebt, wie sich das Klima verändert, die kühlen Nächte und der Morgennebel verschwunden sind. Seinen dicken Anorak muss er seit Jahren nicht mehr aus dem Schrank holen. Stattdessen geriet die Natur aus den Fugen, es regnet zu viel oder zu wenig, die Ernte verdorrt oder verfault, die Wälder verbrennen, die Flüsse steigen über die Ufer. Eine Katastrophe folgt der anderen, Jorge ist immer öfter gefragt. Manchmal wäre er gerne ein bisschen arbeitslos.

»Der Estelí-Fluss machte mir als Kind Angst, weil er so breit und tief war«, erinnert sich Jorge. »Jetzt ist er fast das ganze Jahr über nur noch ein schmutziger Bach.« Deshalb träumt er davon, einmal wie früher als Kind im Morgennebel durch die Kaffeehaine zu wandern und anschließend mit einem frisch gebrühten, heiß dampfenden Kaffee vom Schaukelstuhl seiner Veranda aus zu beobachten, wie sich der weiße Vorhang langsam lichtet und nach und nach der tropischen Sonne weicht. »Meinen Kindern zu zeigen, wie schön Nicaragua einmal war, das wäre mein Traum«, seufzt er.

Sandra Weiss (Text), Luca Zanetti (Fotografien)

Noch ist es nur eine Übung, aber im Notfall ist das Überqueren von überfluteten Straßen häufig nur mittels Seilzug möglich.

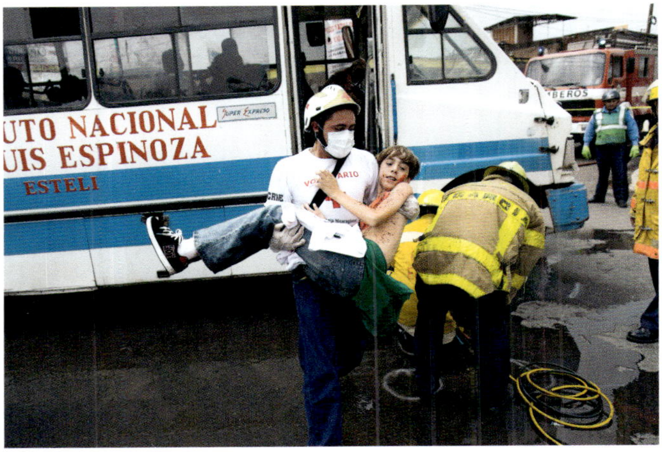

Hunderte von Freiwilligen aus den umliegenden Gemeinden haben sich der Rettungsbrigade angeschlossen.

welt
hunger
hilfe

AVIEN ARISTIDE, 48 HAITI, GONAÏVES

FÜR AVIEN IST HAITI EINE LEBENSAUFGABE. »ICH WILL DEN MENSCHEN HIER IN HAITI ZEIGEN, DASS WIR ES SIND, DIE ETWAS AUF DIE BEINE STELLEN MÜSSEN, UND NICHT AUF HILFE VON AUSSEN WARTEN KÖNNEN.«

Wenn Avien Aristide spricht und in Rage kommt, dann sind es nicht nur seine Worte, dann sprechen seine Augen, sein Gesicht und vor allem seine Hände. Die Menschen, sagt er, müssten viel mehr miteinander ins Gespräch kommen. Dann wäre vieles besser. Avien sitzt im Wohnzimmer seines Hauses und spricht über sein Lieblingsthema: Haiti. Er ist 48 Jahre alt, Bauer, Sozialarbeiter und Berater für Landwirtschaftsprojekte der Welthungerhilfe. Die Initiative und das Engagement müssten von den Haitianern selbst kommen, sagt er. Und wieder wird seine Stimme laut, und seine Hände wirbeln Gesten.

Das große Beben ist mehr als zwei Jahre her. Gerne spricht er darüber nicht. Auch in Gonaïves, seiner Heimatstadt, ist vieles kaputtgegangen. Sein Haus nicht. Seine Familie war dennoch betroffen, auch Tote hat es gegeben. Zwei Jahre sind seit der Katastrophe vergangen, seitdem geht es Haiti wieder ein bisschen besser – und schlechter. »Es sind sehr viele Organisationen hier gewesen, viele haben irgendwas gemacht oder gebracht und sind dann wieder verschwunden.« Das war nur zum Teil gut, zum Teil war es auch schlecht. »Schlimmer ist allerdings, dass immer mehr Haitianer das Land lieber heute als morgen verlassen wollen.« Armutsflucht. Beliebte Ziele sind andere Karibikstaaten, in denen es besser läuft als in Haiti, oder gleich die USA.

Avien Aristide hat sich vorgenommen, auch das zu verhindern. Er selbst stammt aus einer Bauernfamilie. Sein Großvater war Bauer, sein Vater und er auch. Er hat Abitur gemacht, danach das Studium zum Agraringenieur begonnen, bis das Geld für die Ausbildung nicht mehr reichte. Dann hat er sich zum technischen Berater ausbilden lassen und für das Landwirtschaftsministerium in Port-au-Prince

Avien Aristide stammt aus einer Familie von Bauern, und er engagiert sich gerne in der Landwirtschaft.

»WENN WIR ALS HAITIANER ES NICHT IN DIE HAND NEHMEN, UNSER LAND SO ZU GESTALTEN, DASS WIR HIER LEBEN KÖNNEN UND WOLLEN, DANN MACHT ES KEINER.«

Eine öffentliche Wasserstelle bietet den Kindern eine willkommene Erfrischung. Avien Aristide nutzt solche Orte, um mit ihnen ins Gespräch zu kommen.

Für Avien Aristide gibt es nur einen Ausweg für Haiti – die Menschen müssen ihr Schicksal selbst in die Hand nehmen.

gearbeitet. Dort hat er irgendwann eine Ausschreibung der Welthungerhilfe gelesen. Seit Jahren berät er für die deutsche Organisation Bauern in Haiti. Und nicht nur das. »Ich suche gezielt Jugendliche auf, die herumhängen und nicht wissen, was sie mit sich und ihrer Zeit anfangen sollen.« Und dann? »Ich spreche sie an, und wir reden.«

Zum Beispiel Georges. Ihn trifft Avien an einer öffentlichen Wasserstelle. Kinder baden dort, immer wieder kommen Pick-ups mit Wasserfässern, die gefüllt werden. Georges trägt ein T-Shirt mit einem Fort-Lauderdale-Aufdruck, spricht besser Englisch als das in Haiti übliche Französisch und sagt: »Wenn ich die Chance hätte, würde ich gehen.« Er war schon einmal weg, USA, Bahamas. Aber er ist zurückgekehrt. Über das Warum will er nicht sprechen, stattdessen sagt er das, was die meisten Haitianer denken: »Ich will hier raus.« Und Avien ist wieder in Rage. Das ist sein Thema, seine Leidenschaft: »Wenn wir als Haitianer es nicht in die Hand nehmen, unser Land so zu gestalten, dass wir hier leben können und wollen, dann macht es keiner.« Er will, dass die Menschen ihre Arbeitskraft für das Land und zum Wohl der anderen einsetzen. Den Jugendlichen vermittelt er schon mal Jobs, gibt ihnen Adressen für Fortbildungsmöglichkeiten, nennt ihnen Ansprechpartner bei Problemen oder nimmt die Sache im Zweifel selbst in die Hand.

Die Art, wie er die Jugendlichen anspricht, fordert sie heraus. So wie den Jungen in dem Fort-Lauderdale-T-Shirt. Er rechtfertigt sich, argumentiert und denkt nach. Das ist es, was Avien will: zum Denken anregen und Vorbild sein. Sisyphusarbeit? Nein, das sei es nicht. »Es ist eher vergleichbar mit der Arbeit eines Bauern.« Wenn er über Haiti nachdenke, dann fühle er sich immer an eine Pflanze erinnert. »Man setzt die Saat, und dann muss man sich kümmern. Lange. So lange, bis die Pflanze Früchte trägt.«

Gunnar Rechenburg (Text), Jens Grossmann (Fotografien)

HANS CHRISTOPH BUCH

WER TÖTETE GUERLINE? MUTMASSUNGEN ÜBER EIN TOTES KIND

Ein Vorname und eine Altersangabe – das ist alles, was ich über das kleine Mädchen weiß, das tot auf einer grün gestrichenen Bank liegt; der Körper des Kindes ist mit Furunkeln übersät, Mund und Nase sind mit Schleim verstopft, und wie zum Hohn oder zum Trost hat jemand ein paar welke Blumen neben den kleinen Leichnam gelegt. Nach Angaben des Fotografen Michel Comte, der das Bild in Aux Cayes an der Südküste Haitis aufgenommen hat, wurde die kleine Guerline zusammen mit ihrer Zwillingsschwester Guerlande ins Hospital des Kinderhilfswerks Terre des Hommes eingeliefert, wo sie am nächsten Tag an den Folgen der Unterernährung starb. Dem Vernehmen nach hat Guerlande durch Zufuhr von Proteinen und Vitaminen ihre Schwester überlebt und wurde ein oder zwei Wochen später von ihrer Mutter abgeholt, die sie bald darauf, erneut unterernährt, ins Spital zurückbrachte.

Name, Alter und Beruf der Eltern sind mir nicht bekannt. Wahrscheinlich handelt es sich, wie in den Armenvierteln von Haiti üblich, um eine minderjährige Mutter, die, alleinerziehend und arbeitslos, mit ihren Kindern hoffnungslos überfordert war, obwohl Zwillinge als Geschenk der Götter gelten und den Haitianern heilig sind.

Aber der Voodoo-Heiler, den die junge Mutter konsultierte, konnte ihr krankes Kind genauso wenig gesund machen wie die westliche Medizin. Selbst wenn das Hospital von Aux Cayes über moderne technische Geräte verfügt hätte, wäre das Leben des Mädchens nicht mehr zu retten gewesen, weil seine Abwehrkräfte geschwächt und sein Organismus durch Mangelernährung geschädigt war. Das alles sind Spekulationen, denn ich weiß nicht einmal, ob Guerline wirklich an einer durch Unterernährung ausgelösten Krankheit oder Infektion gestorben ist: Darüber könnte nur eine Obduktion Aufschluss geben.

Im »Index der menschlichen Entwicklung« steht Haiti heute auf dem 154. Platz. Es ist das ärmste Land der westlichen Hemisphäre, und laut einer UN-Statistik lag die Kindersterblichkeit 2011 bei 54, will sagen, dass jedes fünfte Kind vor Erreichen des fünften Lebensjahres gestorben ist – im benachbarten Kuba war es nur jedes hundertste. Aber die Todesursache eines Menschen, der auf dem Tisch eines Leichenschauhauses liegt, lässt sich nicht so einfach feststellen, wie dies die Berichterstattung der Medien suggeriert, die Opfer und Täter ohne Umschweife beim Namen nennt: Tutsi-Zivilisten, ermordet von Hutu-Rebellen in Ruanda, oder von Tutsi-Milizen getötete Hutu-Flüchtlinge im Kongo; Mütter und Kinder in Homs, Opfer von Artillerieangriffen der syrischen Armee; Christen im Norden Nigerias, von muslimischen Fundamentalisten massakriert. Auf meinen Reisen in Krisen- und Kriegsgebiete stand ich meist ratlos vor den Opfern der Gewalt, die mir keine Auskunft mehr geben konnten und die, selbst wenn sie dies hätten tun können, nicht zu sagen gewusst hätten, wie und woran sie gestorben waren. Auch die Davongekommenen wissen oft nicht, wer warum auf sie geschossen hat; und wenn sie es wissen, haben sie Angst, die Wahrheit zu sagen, und halten sich an das von den Kriegsherren verhängte Schweigegebot. Weder die Todesursache noch die Schuldigen lassen sich ohne Weiteres benennen, wenn ein Mensch ermordet vor einem liegt – anderenfalls gäbe es keine forensische Medizin und polizeiliche Ermittlungen wären überflüssig.

Ich versuche mich probeweise als Detektiv, der die Aufgabe hat, die Umstände aufzuklären, die zum Tod der kleinen Guerline geführt haben, sofern dies, mit einem Foto als alleinigem Indiz, post festum möglich ist. Zwar liegt Haiti nur zwei Flugstunden von Miami entfernt, aber die Autofahrt von der Hauptstadt ins 200 Kilometer entfernte Aux Cayes dauert bis zu sechs

ALS ERSTEN VERDÄCHTIGEN NEHME ICH DIE REGIERUNG DER VEREINIGTEN STAATEN INS VISIER.

Stunden, weil die Ausfallstraße aus Port-au-Prince durch permanente Verkehrsstaus blockiert ist – ganz zu schweigen von den Folgen des Erdbebens vom Januar 2010: Schutthalden, Schlammlawinen und Überschwemmungen, auf Kreolisch »lavalas« genannt wie die Massenbewegung, die den charismatischen Präsidenten Aristide zuerst an die Macht und dann ins Exil katapultierte. Inzwischen ist Aristide nach Haiti zurückgekehrt, zeitgleich mit seinem Erzfeind Jean-Claude Duvalier, alias Baby Doc, und beide dienten sich dem neuen Präsidenten Michel Martelly, einem früheren Rockstar mit dem Künstlernamen Sweet Mickey, als Berater an. Aber auch ohne Hurrikane, Erdbeben und politische Katastrophen, die Haiti heimsuchen, ist die Infrastruktur des Inselstaats weitgehend zerstört infolge von Misswirtschaft, Überbevölkerung und Raubbau an der Natur, der die einstige Perle der Karibik erodieren und verkarsten ließ. Tropischer Sturzregen schwemmt die Ackererde ins Meer, und Haitis arme Bauern bevölkern die Slums der Hauptstadt oder setzen als Boat-People ihr Geld und ihr Leben aufs Spiel, um auf seeuntüchtigen Schiffen nach Florida zu gelangen. Während auf der Nordhalbkugel Winter ist, hat die Karibik Hochsaison, aber einen nennenswerten Tourismus wie auf Kuba oder in der Dominikanischen Republik gibt es in Haiti nicht. Die meisten Ausländer, die man hier trifft, sind Journalisten und Diplomaten, Entwicklungshelfer und Missionare, Blauhelmsoldaten oder Mitarbeiter internationaler Organisationen. Ab und zu verirrt sich ein Funktionär der Weltbank oder ein privater Geschäftsmann nach Port-au-Prince, nicht um dort zu investieren, sondern um Schulden einzutreiben. Die Korruption hat endemische Ausmaße angenommen – Kleptokratie ist das richtige Wort dafür –, und Haitis Regierungen sind berüchtigt für ihre schlechte Zahlungsmoral.

Wer oder was tötete Ti Guerline? So nenne ich das kleine Mädchen, das zum Zeitpunkt seines Todes 13 Monate alt gewesen sein soll, obwohl nicht einmal das sicher ist: Die Ärmsten der Armen kennen oft ihren Geburtstag nicht, und in ihrer Entwicklung retardierte Kinder sehen entweder jünger oder, infolge der Mangelernährung, älter aus, als sie tatsächlich sind.

Wer tötete Ti Guerline? Als ersten Verdächtigen nehme ich die Regierung der Vereinigten Staaten ins Visier. Die USA tragen eine besondere Verantwortung für Haiti, das oft als ihr Hinterhof bezeichnet wird, und die Frage ist erlaubt, ob und wie sie dieser Verantwortung gerecht werden. Nach Ausbruch des Ersten Weltkriegs wurde Haiti von amerikanischen Marinetruppen besetzt, die im Juli 1915 hier landeten, um Chaos und Anarchie zu beenden, und erst 19 Jahre später wieder abzogen. Zwar baute die Besatzungsmacht Straßen, Schulen und Hospitäler, bekämpfte Gelbfieber und Malaria und sanierte die Staatsfinanzen. Doch die Periode der Fremdherrschaft ist bis heute in unguter Erinnerung, weil die US-Marines Streiks und Aufstände von Bauern, die sich gegen die Zwangseinziehung zum Straßenbau zur Wehr setzten, blutig niederschlugen und sich rassistisch gebärdeten. Als Antwort auf die Diskriminierung besannen sich Haitis Intellektuelle auf die vorher verleugneten afrikanischen Wurzeln ihrer ethnischen Identität, deren religiöser Ausdruck der aus Afrika importierte Voodoo-Kult war.

Nach dem von Roosevelt verfügten Abzug der US-Marines geriet Haiti in neokoloniale Abhängigkeit von den USA, die den Inselstaat nach der Devise »Even if he's a son of a bitch, he's our son of a bitch« zum antikommunistischen Bollwerk gegen Castros Kuba ausbauten und ihnen nicht genehme Regierungen mit dem dicken Knüppel (»big stick«) zur Raison brachten – mit einer politisch bedeutsamen Ausnahme. Im Herbst 1994 kehrte Haitis demokratisch gewählter Präsident, der Befreiungstheologe Jean-Bertrand Aristide, mit Militärhilfe aus Washington nach Port-au-Prince zurück, von wo ihn Putschgeneral Raoul Cédras 1991 verjagt hatte. Die amerikanische Hilfe war nicht ganz selbstlos, weil nur so ein Massenexodus haitianischer Boat-People zu verhindern war und weil Bill Clinton, um afroamerikanische Wähler buhlend, dem »black caucus« einen Gefallen tat. Doch Haitis Rückkehr zur Demokratie wäre nicht möglich gewesen ohne die US-Marines, denn die Zivilbevölkerung war eine Geisel terroristischer Militärs, die im Auftrag der um ihre Privilegien bangenden Oberschicht handelten und niemals freiwillig die Macht abgetreten hätten. Im Übrigen ähnelt die Beziehung des kleinen Haiti zum großen Bruder in Washington einem psychologischen

»double bind«: Greifen die USA in die haitianische Politik ein, beschuldigt man sie unerwünschter Einmischung. Tun sie nichts, macht man sie für den Skandal verantwortlich, dass zwei Flugstunden von Miami entfernt Kinder an Unterernährung sterben …

Als nächster Verdächtiger kommt Frankreich in Betracht, das über 100 Jahre lang, von 1697 bis 1804, Haiti beherrscht und brutal ausgebeutet hat. Der wirtschaftliche Wert der Kolonie ermisst sich unter anderem daran, dass Ludwig XV. nach dem Siebenjährigen Krieg Kanada an England abtrat, um Saint Domingue – so hieß Haiti damals – behalten zu können, das ganz Frankreich mit Zucker und Kaffee versorgte. Nicht bloß der König und die Aristokratie, auch das revolutionäre Bürgertum verdankten ihren Wohlstand der Zwangsarbeit aus Afrika verschleppter Sklaven, die im Zuge der Französischen Revolution ihre Freiheit und später die Unabhängigkeit erkämpften. Die Reparationszahlungen an Frankreich, mit denen die »Negerrepublik« die Anerkennung ihrer Unabhängigkeit erkaufte, belasteten bis Ende des Jahrhunderts das Staatsbudget von Haiti, wo Französisch bis heute offizielle Amtssprache ist. Dass die Bevölkerung kreolisch spricht und die Verlautbarungen der Regierung nicht oder nur halb versteht, steht auf einem anderen Blatt …

Auch Spanien ist mitschuldig am Elend Haitis, denn schon 30 Jahre nach der »Entdeckung« Hispaniolas durch christliche Seefahrer hatten spanische Konquistadoren die Ureinwohner mit Feuer und Schwert ausgerottet, und der Apostel der Indios, Bartolomé de Las Casas, schlug die Einfuhr von Negersklaven vor – ein Genozid gebar den nächsten. Aber weder die Regierung der USA noch die Frankreichs oder Spaniens sind schuld am Tod von Ti Guerline. Dann schon eher die Vereinten Nationen, die, um die Militärjunta unter Druck zu setzen, ein Handelsembargo über das Land verhängten, das die Wirtschaft ruinierte und mehr Opfer forderte als der Terror der Todesschwadronen, die unter Baby Doc »Tontons Macoutes« oder »Attachés« und unter Aristide »Chimères« hießen. Die gute Absicht zeitigte ein schlechtes Resultat, denn nach dem Embargo waren Haitis Superreiche, die keine Steuern bezahlten und die Blockade durch Schmuggel umgingen, reicher als zuvor, während die Preise für Nahrungsmittel wie Milchpulver, Zucker und Reis Rekordhöhen erreichten und der Lebensstandard unter das Existenzminimum fiel. Die Abwärtsspirale wurde durch die Austerity-Politik der Weltbank verstärkt, die Haiti ein eisernes Sparprogramm verordnete zur Sanierung des Haushaltsdefizits und damit das Gegenteil bewirkte: Die Privatisierung von Staatsunternehmen wie Télécom, Régie du Tabac und Zementfabrik hat Tausende Arbeitsplätze vernichtet.

ALS MITTÄTER KOMMT, LAST, BUT NOT LEAST, DER VATER VON TI GUERLINE IN BETRACHT.

Aber statt die Schuld am Tod von Ti Guerline an internationale Organisationen zu delegieren, die anonym und kaum haftbar zu machen sind, nehme ich an dieser Stelle die einheimische Oberschicht in den Blick, die sich selbst als Elite bezeichnet. Früher rekrutierte sie sich aus der sogenannten Mulattenbourgeoisie, in deren Händen sich die wirtschaftliche Macht konzentrierte: Nicht nur unter dem

Diktator »Papa Doc« Duvalier, auch unter dem Populisten Aristide wurde sie politisch verfolgt, obwohl oder weil die Mulattenbourgeoisie inzwischen von Libanesen abgelöst worden war, die sich innerhalb von zwei, drei Generationen zur Oberschicht hochgearbeitet hatten. An diesem Punkt ist eine wichtige Einschränkung zu machen: Trotz aller Missstände ist Haitis derzeitige Regierung aus freien Wahlen hervorgegangen und demokratisch legitimiert. Schon Aristides Nachfolger René Préval, ein Pragmatiker ohne das Charisma seines Vorgängers, hatte der Korruption den Kampf angesagt, was nichts daran änderte, dass für Haiti bestimmte Gelder im Filz der Bürokratie hängen blieben oder in dunklen Kanälen versickerten. Eine rühmliche Ausnahme war die Soforthilfe nach dem Erdbeben, die ihre Adressaten erreichte und der Not leidenden Bevölkerung zugute kam, deren Elend zwar nicht beseitigt, aber doch spürbar gelindert wurde – der Deutschen Welthungerhilfe und anderen Einsatzkräften sei Dank. Das kleine Haiti gehört weltweit zu den größten Empfängern von Lebensmitteln und humanitärer Hilfe und ist ein Friedhof gescheiterter Entwicklungsprojekte: »UNO, Caritas oder Care werden's schon richten«, lautet der stets wiederkehrende Refrain, wenn eine Brücke einstürzt oder eine Straße durch Erdrutsche unpassierbar wird – ein weit verbreiteter Fatalismus, der jede Initiative lähmt und die Bereitschaft zur Selbsthilfe unterminiert. Nicht nur der manchmal fragwürdige Effekt der Entwicklungshilfe, auch der Voyeurismus der Presse ist schuld an Ti Guerlines Tod, weil Reporter und Journalisten sich wie Aasgeier oder Hyänen nur dann für Haiti interessieren, wenn dort Blut fließt. Solange kein Massaker oder Militärputsch, kein Hurrikan und kein Erdbeben von dort zu vermelden ist, taucht Haiti in europäischen und amerikanischen Medien nicht auf.

Als Mittäter kommt, last, but not least, der Vater von Ti Guerline in Betracht, besser gesagt ihr Erzeuger, der, ohne die Folgen zu bedenken, ein Kind in die Welt gesetzt und seine schwangere Frau oder Freundin ihrem Schicksal überlassen hat. Kondome sind teuer in Haiti – kein Wunder bei einer Arbeitslosenquote von 60 Prozent –, und Geburtenkontrolle existiert nur auf dem Papier. Die minderjährige Mutter bleibt allein zurück und legt ihr unterernährtes Baby vor dem Kirchenportal oder dem Hospital ab – manchmal endet es auch auf dem Müll, wo es von Ratten gefressen wird. Ich habe die dehydrierten Säuglinge gesehen in einer von Mutter Teresa gegründeten Klinik in Port-au-Prince: Sie hingen am Tropf mit greisenhaften Gesichtern und durchscheinender Haut, die sich wie knittriges Seidenpapier über die dünnen Knochen spannte; eins von ihnen hatte AIDS im finalen Stadium, und die Schwester nahm das kranke Kind vom Tropf, um Platz zu schaffen für Neuzugänge.

Auf Sartres Kritik, wonach »angesichts des Sterbens eines kleinen Kindes in Biafra kein Buch mehr ins Gewicht fällt«, erwiderte der französische Romancier Claude Simon in seiner Nobelpreisrede, dass Bücher und tote Kinder nicht auf der gleichen Waage gewogen werden sollten: »Wenn dieser Tod wirklich ein unerträglicher Skandal ist, dann, weil dieses Kind ein kleiner Mensch ist, das heißt, ein Wesen mit einem Geist und mit einem Bewusstsein begabt, das später einmal – sofern es überlebt – denken wird und von seinem Leiden sprechen, von dem der anderen lesen, davon selbst ergriffen werden und mit ein wenig Glück darüber schreiben wird.«

(März 2012)

Andreas Herzau (Fotografien)

SANDRA FERNÁNDEZ DEL RÍO, 25, PERU, LIMA

WEIL SIE EINE BOTSCHAFT SEIN KANN, BEGEISTERT SICH DIE PERUANERIN FÜR MODE. SIE WILL EIN AUTHENTISCHES BILD IHRES LANDES VERMITTELN, DAS KÄLTE UND ARMUT EBENSO KENNT WIE UNBÄNDIGE LEBENSFREUDE.

Die Lederjacke, das Shirt, die Leggings – alles schwarz. »Ich will derzeit nicht gesehen werden, alles ist noch unausgegoren«, sagt Sandra Fernández del Río ernst und lehnt sich an die kalte, weiße, fast kahle Wand ihres Ateliers. Für die peruanische Künstlerin und Modedesignerin bedeutet das: »Solange ich in diesem Selbstfindungsprozess, in dieser Wandlung stecke, kann ich mit meiner Umgebung nicht über meine Kleidung kommunizieren. So lange muss ich unauffällig bleiben.«
Rock, Hemd oder Mantel – das sind für Sandra nicht einfach nur Kleidungsstücke. Das sind Botschaften. Gefühlszustand. Provokation. Aufrüttler. Orientierung.
»Als Designerin möchte ich Identität in einer Welt schaffen, die immer gleichförmiger wird«, sagt die 25-Jährige. Identität stiften in einem Land, in dem es, je nach Betrachter, mal als tugendhaft, mal als klug gilt, nicht aufzufallen. Den Mund zu halten. Sich wegzuducken. Einem Land, in dem Individualität verpönt ist.
Sandra drückt sich mit einem Ruck weg von der Wand. Durchquert mit für ihre kleine Statur erstaunlich wenig Schritten den großen Raum, in dem nur ein alter Holzschreibtisch, ein abgewetztes Sofa und ein Kleiderständer mit einigen ihrer Entwürfe stehen. Sie öffnet das Fenster des Ateliers, blickt hinunter auf die Calle Camaná, eine enge Straße im Zentrum von Lima, der Hauptstadt Perus. Von hier oben, dem dritten Stock, wirkt auch das Menschengewusel unter ihr wie eine gleichförmige Masse. Es ist Mittagszeit, und die meisten, die sich jetzt auf der Straße

Es ärgert Sandra Fernández, dass Peru meist mit bunten Farben assoziiert wird. Für sie ist ihr Land geprägt von Gegensätzen – so wie ihre Mode.

drängen, um in einer der Straßenküchen oder einem der Restaurants zu essen, arbeiten für die Regierung oder eine Bank. In ihren Anzügen und Kostümen, dunkelgrauen oder dunkelblauen Uniformen, unterscheiden sie sich womöglich nur durch den Preis des Stoffes. »Viele Peruaner«, sagt Sandra, »haben Angst, sich anders zu kleiden als die Masse. Wir sind noch eine sehr verdruckste, eine sehr kontrollierte Gesellschaft.«

In ihren Träumen kleidet sich jeder so, »dass man ihn erkennt«. Das, sagt Sandra, sei auch ihre Aufgabe als Designerin: »Mithilfe von Kleidung zu übersetzen: Das bin ich!«

Stoffe können verdecken, aber auch lange Verstecktes enthüllen. Etwa den Wunsch, auszubrechen aus einer konformen Gesellschaft. Einmal jemand anderes zu sein – oder endlich einfach nur man selbst, mit sich im Reinen. Mode, das ist für sie aber auch »ein Spiegel der Gesellschaft«. Wie der Entwurf, der in der Ecke ihres Ateliers von der hohen Decke hängt; mit ihm gewann sie 2009 den Wettbewerb »Weltgewänder« der Welthungerhilfe: Mehrere Stoffbahnen, farbüppiges, grobes Tuch, bilden den Rock. Das Oberteil, stark tailliert und am Rücken unifarben, wirkt wie ein nüchterner Kontrast dazu. Auch Peru, sagt Sandra, sei voller Gegensätze. Voller Klischees: »Es ärgert mich maßlos, dass mein Land im Ausland immer in grellen Farben dargestellt wird. Diesen Stempel hat man auch der peruanischen Mode aufgedrückt.« Dabei, sagt sie, »ist das Bunte nur ein Teil von uns«.

Die andere Realität ist nüchtern. Kalt. Minimalistisch. Bitterarm. »So wie das Leben der meisten Peruaner.« Ein Widerspruch? »Nein«, sagt Sandra, »in meinem Land existiert beides: das Grau des Schmutzes, der Slums und der Gewalt ebenso wie die Farben.« »Das Bunte, der Lärm hupender Autos, die Farbe der klapprigen Kleinbusse, das Geschrei der Marktverkäufer, das peruanische Essen jenseits von ›Pollo y arroz‹, Hühnchen und Reis, selbst der Gestank der Abgase – all das inspiriert

»VIELE PERUANER HABEN ANGST, SICH ANDERS ZU KLEIDEN ALS DIE MASSE. WIR SIND NOCH EINE SEHR VERDRUCKSTE, EINE SEHR KONTROLLIERTE GESELLSCHAFT.«

Ein Model präsentiert einen Entwurf der jungen Designerin aus Nylon. Sie mag das Material, weil es für Beweglichkeit steht.

»MEINE MODE THEMATISIERT AUCH KRIEG UND KONFLIKT.«

Das große Tattoo ist mehr Provokation als Schmuck.

mich«, sagt Sandra, lehnt sich noch ein Stück weiter aus dem Fenster und macht mit ihren Armen eine ausladende Geste: »Das da unten, dieses Chaos, das ist Peru.« Diese Kontraste liefern ihr die Ideen für ihre Installationen, wie sie ihre Modekunst nennt – der Gegensatz etwa zwischen bitterster Armut und den in der Erde schlummernden Reichtümern an Gold, Kupfer oder Silber, die dem südamerikanischen Land derzeit einen Boom bescheren, wie ihn kaum ein anderes Land erlebt. Die Hilfsbereitschaft der Nachbarn auf der einen Seite steht einer blanken Gewalt gegenüber, wie sie im Moloch Lima ebenso herrscht wie im Dschungel des Amazonas. »Meine Mode thematisiert auch Krieg und den Konflikt«, sagt Sandra. Mit ihrer Kunst möchte sie ihre Generation und die ihrer Eltern aufrütteln. Möchte daran erinnern, »dass da noch etwas aufzuarbeiten ist, was die meisten am liebsten verdrängen: das Morden. Der Hass. Die Angst«. Noch seien die Narben des Bürgerkriegs, der in Peru 20 Jahre lang wütete, nicht verheilt, »ist der Rassismus, ja eine Ursache dieses Konflikts, längst nicht ausgerottet«, sagt Sandra, wickelt sich den Schal vom Hals und entblößt ein riesiges Tattoo. »Chola soy« (»Ich bin eine Chola«) ließ sie sich vor drei Jahren in ihre Haut stechen. Bis zum Nacken zieht sich das rote Tattoo, mehr Provokation als Schmuck. Cholo und Chola, so nennen die hellhäutigen Mestizen – Nachfahren von Spaniern und »indígenas« – die dunkelhäutigen Ureinwohner des Landes. Sie meinen es diskriminierend, abfällig. »Mich«, so Sandra, »erinnert das Tattoo daran, woher ich komme.« Vielleicht, sagt Sandra, verlieren sich Hass und Rassismus und Gewalt in den nächsten

Minimalismus auf ganzer Linie: Im Atelier von Sandra Fernández stehen nur ein großer alter Holztisch, ein abgewetztes Sofa und ein Kleiderständer.

20 Jahren. Sie ist optimistisch, das Land wandle sich, »wir versuchen, besser zu werden«. Mutiger und selbstbewusster auch. Sandra nimmt ein Kleid vom Ständer, der Stoff blass und hellbeige und damit »ganz anders als die Hautfarbe, welche die Gesellschaft uns aufdrückt«. Rosa Längsstreifen, sagt sie, »symbolisieren unsere Blutbahnen«. Sandra nimmt das Kleid vom Bügel, ihre Unterarme verschwinden im Tuch, drücken dann den Stoff auseinander. Sandra liebt elastische Nylonstoffe, »sie lassen sich weiten. Oder zusammenziehen. Wie unsere Körper und unsere Leben sind sie permanent im Wandel.«
Welche Entwürfe wird sie in zwei, drei Jahren vorstellen? Andere, gänzlich andere – davon ist Sandra überzeugt. »Mode, das ist ein ständiges Labor und Ausprobieren. Mode entwickelt sich immer weiter – wie mein Leben.« Vielleicht wird sie einmal Kinder haben mit ihrem Freund, einem Bildhauer: »Ich weiß es nicht.« Vielleicht wird ihr Vater eines Tages doch verstehen, in welcher Welt sie lebt: »Das wäre schön.« Nur ein Ziel hat sie fest im Blick: »Wir müssen endlich in der Realität ankommen.« Realität, das bedeutet für sie auch: jeder bei sich selbst.

Martina Hahn (Text), Luca Zanetti (Fotografien)

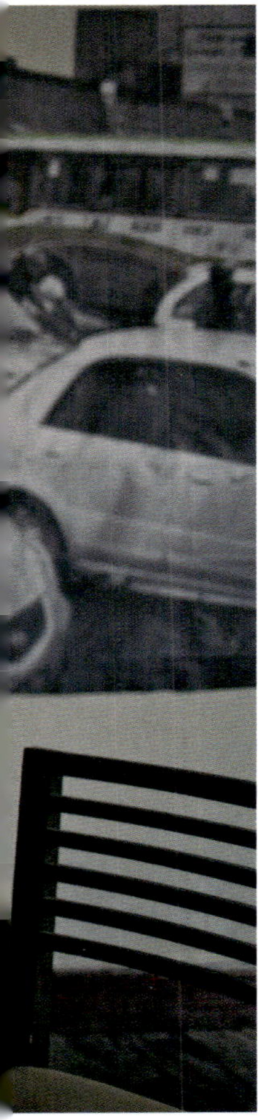

»MODE, DAS IST EIN STÄNDIGES LABOR UND AUSPROBIEREN. MODE ENTWICKELT SICH IMMER WEITER – WIE MEIN LEBEN.«

Die Designerin träumt davon, dass jeder Mensch in Peru ganz er selbst sein darf, keine Selbstverständlichkeit in dem lateinamerikanischen Land.

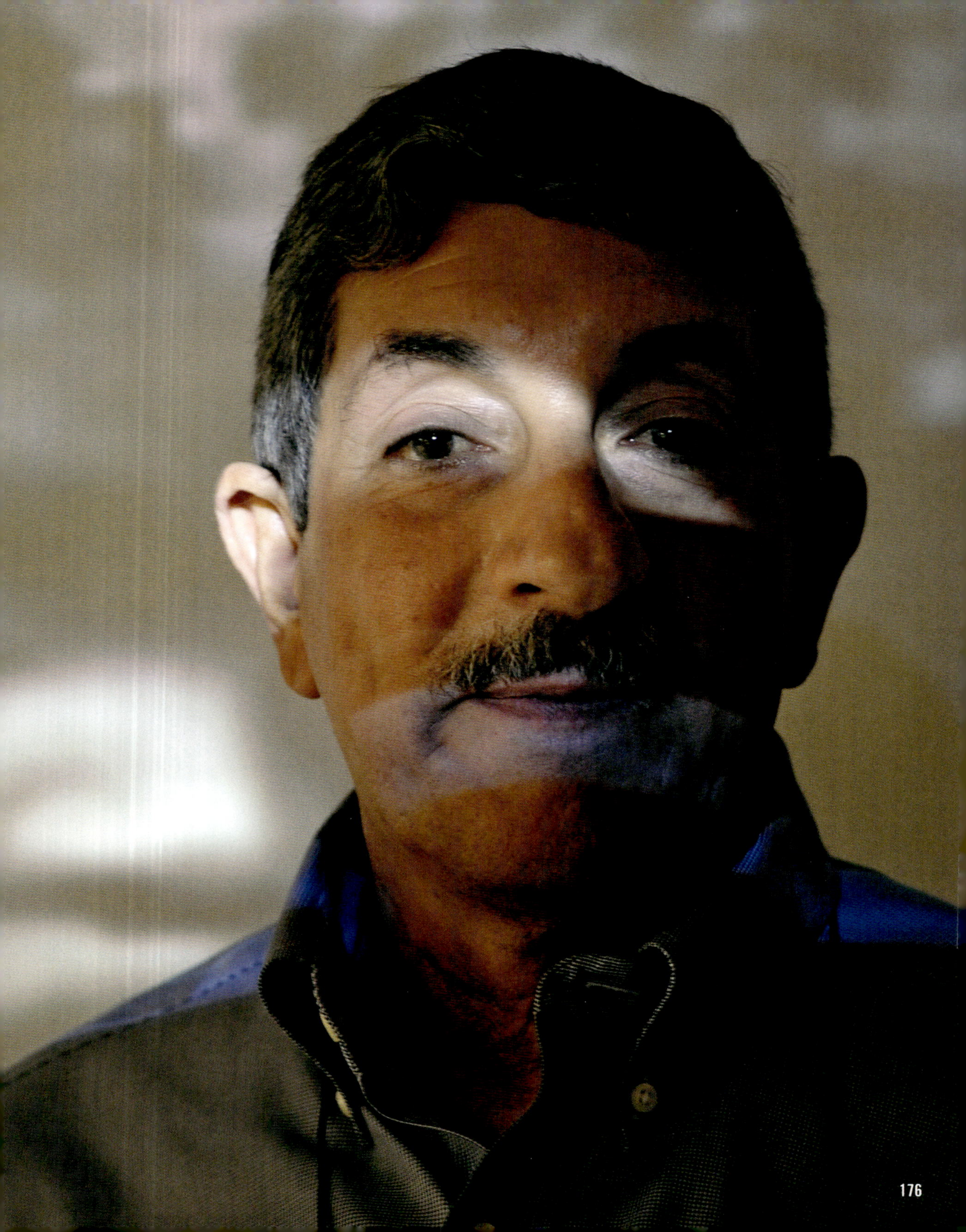

HORACIO J. ORNES HEDED, 61, DOM. REPUBLIK, SANTO DOMINGO

»DAS PRINZIP DES TEILENS, DES SPENDENS WAR IN MEINEM LAND KAUM BEKANNT«, SAGT HORACIO. ABER DURCH IHN ÄNDERT SICH DIES JETZT. WIE VIEL GELD ER SCHON DURCH PRIVATE KONTAKTE EINGETRIEBEN HAT, WEISS ER NICHT GENAU: »ABER ES IST VIEL.«

Horacio könnte an diesem Tag am Pool seines Strandhauses liegen. Er könnte sich Gedanken darüber machen, ob er mit dem Hubschrauber umherfliegt, mit seiner Harley an der Küstenstraße entlangfährt oder mit einem seiner Nachbarn zum Golfspielen geht. Stattdessen sitzt er in einem Büro in einem tristen Geschäftsviertel von Santo Domingo, liest Berichte, unterschreibt Anträge, Aufträge, Briefe und telefoniert zwischendurch immer wieder. Sein Büro ist gleichzeitig Besprechungsraum mit mehreren Schreibtischen und einem Konferenztisch für das gesamte Team. Der 61-Jährige gilt als einer der einflussreichsten Männer des Landes, und diesen Einfluss nutzt er. Horacio will von sich erzählen. Und die Geschichte fängt bei Rafael Trujillo an, einem der rücksichtslosesten und grausamsten Diktatoren in Lateinamerika. Er regierte die Dominikanische Republik zwischen 1930 und 1961. 1949 landete an der Küste der Insel eine Gruppe von Exil-Dominikanern, die dem Spuk ein Ende bereiten wollten. Ihr Ziel war der Sturz Trujillos. Einer der führenden Köpfe des Aufstandes war Julio Ornes, Horacios Vater. Der Aufstand schlug fehl. Ornes gilt seither dennoch als Held. Er wurde gefangen genommen, entging

Horacio Ornes betrachtet das Foto, das seinen Vater nach der Verhaftung 1949 zeigt. An der Wand in seinem Büro hängt auch ein Foto von ihm selbst mit dem ersten Generalsekretär der Welthungerhilfe, Bernd Dreesmann (rechts).

knapp der Hinrichtung und floh abermals ins Exil. Horacio war elf Jahre alt, als er seinen Vater zum ersten Mal sah. Auf Horacios Schreibtisch liegt ein Stapel mit Bildern, viele zeigen seinen Vater, die meisten Horacio selbst. Mit der britischen Prinzessin Anne, dem Balletttänzer Mikhail Baryshnikov und Alfredo Griffin, einem ehemaligen US-Baseballstar. Er blättert weiter zu einem Bild, das auch an der Wand in seinem Büro hängt. Es zeigt Horacio als jungen Mann und neben ihm einen bärtigen Europäer: Bernd Dreesmann, den ersten Generalsekretär der Welthungerhilfe.

Horacio Ornes hat in Texas landwirtschaftliche Ökonomie studiert, als Gutachter für die amerikanische Botschaft in Santo Domingo gearbeitet und wechselte schließlich in die Politik. »Irgendwann habe ich dann Fudeco gegründet« – seine eigene Hilfsorganisation. Armut, schlechte Infrastruktur, kaum Schulbildung. Dagegen wollte er was tun. Heute hat er ein Team von sechs Mitarbeitern. Warum macht einer wie er das? »Weil ich es nicht anders gelernt habe.« Es ist sowohl das Erbe seines Vaters, das ihn verpflichtet, sich für sein Land und vor allem für Gerechtigkeit einzusetzen, als auch die Ausbildung bei seinen jesuitischen Lehrern in Santo Domingo und seine Erfahrungen in der Politik, die ihn dazu geführt haben, so zu handeln. Mit internationaler Unterstützung hat Fudeco zahlreiche Projekte in der Dominikanischen Republik angeschoben, vor allem in den Bereichen der Wasserversorgung, Bildung, Verbesserung der Lebensbedingungen, der Landwirtschaft und im Umweltschutz. »Ich muss nicht arbeiten«, sagt er, »aber ich mache es. Und zwar aus Überzeugung.« Und ehrenamtlich.

Horacio steht nicht mit Gummistiefeln im Feld oder verschwitzt in irgendwelchen Dörfern. Er lädt ein zu Cocktailpartys und wird eingeladen, er geht zum Polo, weil er die besten Spieler persönlich kennt, er gibt Dinnerpartys für die High Society in der Dominikanischen Republik. Warum er das macht, will er bei einem zweiten Treffen zeigen. Bei der Fahrt in die Projektregion trägt er statt des frisch gebügelten hellblauen Businesshemds ein Khakishirt und eine passende Hose. Eine gute

ES IST SOWOHL DAS ERBE SEINES VATERS, DAS IHN VERPFLICHTET, SICH FÜR SEIN LAND UND VOR ALLEM FÜR GERECHTIGKEIT EINZUSETZEN, ALS AUCH DIE AUSBILDUNG BEI SEINEN JESUITISCHEN LEHRERN UND SEINE ERFAHRUNGEN IN DER POLITIK.

Es sind Geschichten wie die der jungen Frau, die jetzt Auberginen ernten kann, die Horacio Ornes glücklich machen.

Die Dominikanische Republik hat sich in den vergangenen Jahren stark entwickelt, jedoch profitieren noch lange nicht alle Menschen davon.

»WIR HABEN UNS DIE ÄRMSTE GEGEND DES LANDES ALS PROJEKTREGION AUSGESUCHT UND DORT DIE ÄRMSTEN DÖRFER.« JETZT GIBT ES DORT ZUMINDEST FESTE HÄUSER UND SCHULEN.

Dank Horacio J. Ornes gibt es Schulen, die sogar mit Computerräumen ausgerüstet sind.

Autostunde von der Hauptstadt entfernt leben Menschen in Dörfern, die entweder gar keine Arbeit haben oder eine extrem schlecht bezahlte, Menschen, die in Bretterverschlägen hausen und ihre Kinder nicht zur Schule schicken, weil es keine gibt oder nur eine, deren Dach undicht ist und in der es an Mobiliar fehlt.
»Wir haben uns die ärmste Gegend des Landes als Projektregion ausgesucht und dort die ärmsten Dörfer.« Jetzt gibt es dort zumindest feste Häuser und Schulen.
Er zeigt Computerräume für Schulkinder, Wasserspeicher und Parzellengärten.
»Das hier«, sagt er und steht mitten in einem der Beete, in dem eine junge Frau gerade Auberginen erntet, »ist für mich ein enormer Erfolg!« Natürlich mache es ihn glücklich, wenn er es schafft, die Veranstalter der Santo Domingo Fashionweek bei einer Cocktailparty zu überzeugen, die Platzkarten für die ersten Reihen für 1000 US-Dollar zugunsten von Hilfsprojekten zu verkaufen. Aber das, was mit dem Geld dann passiert, sei die eigentliche Erfolgsgeschichte. Und das sei der Verdienst seiner Leute, eben derjenigen, die verschwitzt mit Gummistiefeln in den Dörfern arbeiten. »Ich bin nur fürs Geldbeschaffen da und für das kreative Marketing.«
Auf der Fahrt zurück ins Büro spricht er über Gerechtigkeit. Die Dominikanische Republik hat sich in den vergangenen Jahren stark entwickelt. Schaut man sich die bloßen Zahlen der wirtschaftlichen Entwicklung an, kann man getrost von einer Erfolgsgeschichte sprechen. Arm versus reich, Bretterverschläge versus Cocktailparty. Kommt Horacio da nicht immer wieder in Gewissenskonflikte? Nein, sagt er, es geht um Gerechtigkeit, und daran arbeite er. Er will die dominikanische Gesellschaft, vor allem die High Society, dazu erziehen, sich für ihr Land zu engagieren. Und Horacio verweist stolz auf seinen Erfolg: »Die Menschen in meinem Land lernen gerade, was Teilen heißt.«

Gunnar Rechenburg (Text), Jens Grossmann (Fotografien)

Atelier Serge Jolimeau
12 Route de Noailles
Cx-des-Bouquets

SERGE JOLIMEAU, 60, HAITI, CROIX-DES-BOUQUETS

KUNSTWERKE, DIE ER UNTER DEM EINDRUCK DES ERDBEBENS SCHUF? SERGE JOLIMEAU HAT SIE NICHT MEHR, UND ER SPRICHT NICHT GERNE ÜBER DAS BEBEN. FÜR DAS, WAS NIEMAND IN HAITI IN WORTE FASSEN KANN, HAT ER SEINE KUNST.

Serge Jolimeau lebt in Croix-des-Bouquets. Das Dorf nahe der haitianischen Hauptstadt Port-au-Prince wurde 1953 zur Künstlerkolonie, als sich dort der metallverarbeitende Künstler Georges Liautaud niederließ. Serge war einer seiner Schüler. »Nach der Schule bin ich immer zu ihm und durfte ihm helfen. Ich wusste schon sehr bald, dass ich das auch machen wollte.« Serge war damals noch nicht ganz 18 Jahre alt. Bei Liautaud hat er gelernt, aus alten Ölfässern Metallplatten zu schneiden und so zu bearbeiten, dass ein gerades Stück daraus wird. Er hat gelernt, wie man seine Ideen als Entwürfe zu Papier bringt und sie dann mit Hammer und Meißel in Metall zu verewigen.
Im Laufe der Jahre sind immer mehr Menschen nach Croix-des-Bouquets gekommen. Das Schlagen der Hämmer auf Alteisen ist heute das alles bestimmende Geräusch im Dorf. Die Künstler leben dort, arbeiten dort und stellen dort aus. Serge Jolimeau ist der älteste und der berühmteste – in Haiti ohnehin, aber auch in den USA und Europa werden seine Werke gekauft und gezeigt. 1970 hat er die Lehre bei Liautaud begonnen, 1972 schuf er sein erstes eigenes Kunstwerk, 1975 wurden seine ersten Arbeiten in den USA gezeigt.
Es sind oftmals biblische Szenen, Masken, Voodoo-Figuren, aber auch Schmuckgegenstände wie Kerzenständer, Spiegel- und Bilderrahmen. Im Ausland ist diese Art von Kunst begehrt. Zum einen ist es der besondere Grundstoff, der die

Recycling der besonderen Art – in Croix-des-Bouquets werden aus alten Metallfässern begehrte Kunstwerke.

Die haitianische Kunst zeichnet sich durch einfache, klare Formen und eine schematische Darstellung der Figuren aus.

Die Schüler von Serge Jolimeau arbeiten gemeinsam mit ihm in seinem Haus.

»ICH TRÄUME SEHR VIEL«, SAGT SERGE. »UND ALLES, WAS ICH TRÄUME, ZEICHNE UND VERARBEITE ICH.«

Kunstwerke auszeichnet. Aber es sind auch die Motive und ihre Darstellung. Pflanzen, Tiere, aber auch Tod und Teufel, Heilige und ewige Verdammnis. In der Galerie von Serge hängt die Szene eines Friedhofs. Oberirdisch sieht man die Kreuze auf einem düsteren Berg, unterirdisch die Gräber, die Leichen. Und das alles in der für die Karibik typischen naiven Darstellung. In dieser Mischung ist es verstörend. Und faszinierend.

So verstörend und faszinierend wie Haiti selbst. »Ich träume sehr viel«, sagt Serge. »Und alles, was ich träume, zeichne und verarbeite ich.« So einfach und gleichzeitig so schwer ist das. Kein intellektueller Überbau, kein verstiegener Stildiskurs. »Es kommt einfach so aus mir«, sagt er. Selbst sein Bett ist aus beschlagenem Metall. Serge führt durch Croix-des-Bouquets. Sein Haus ist Teil eines Gebäudeensembles innerhalb des Dorfes. Seine Schüler arbeiten dort und stellen gemeinsam aus. Er gibt sein Wissen schon lange an junge Künstler weiter. Manche, sagt er, wollen nur einen Rat, andere wollen es von Grund auf lernen. Auf seinem Weg durch die Gassen bleibt er immer wieder bei den Nachwuchskünstlern stehen, spricht kurz mit ihnen, oder nickt nur und geht weiter. »Früher«, erzählt er, »mussten wir regelmäßig in die Stadt fahren, um alte Ölfässer zu kaufen, heute kommen die Händler hierher und beliefern uns.« Der Bedarf ist immens in Croix-des-Bouquets. Das wissen auch die Altmetallhändler, die im Hafen von Port-au-Prince Fässer sammeln. 60 kleine Läden gibt es in Croix-des-Bouquets und mehr als 300 metallverarbeitende Künstler und Kunsthandwerker. Beim Rundgang kommt dann doch die Sprache auf den Tag im Januar 2010. »Ich war gerade bei der Beerdigung einer Künstlerkollegin, als alles zu schwanken begann. Wir sind in unsere Autos gesprungen, wohl wissend, dass niemand würde davonfahren können.« Viele Künstler

Biblische Szenen, Masken oder Voodoo-Figuren sind die zentralen Motive, die in der Kunst von Serge Jolimeau immer wieder auftauchen.

waren unmittelbar betroffen, alle mittelbar. Die wenigsten konnten in den Tagen, Wochen, Monaten nach der Katastrophe arbeiten. »Wir hatten natürlich alle Hände voll zu tun, wir mussten uns um uns und unsere Freunde und Verwandten kümmern.« Außerdem war ein Teil der Werkstätten von Croix-des-Bouquets zerstört. Aber irgendwann hat Serge wieder begonnen. Er hat sich ein großes Stück Metall genommen und die Szenen geschlagen, die er gesehen hat. Sieben Kunstwerke sind es geworden.

Haiti ist seit Jahrzehnten das Armenhaus der Welt. Immer wieder politische Unruhen, Katastrophen, Rückschläge. Welchen Beitrag kann in solch einem Land gerade die Kunst leisten? »Ich weiß, dass die Menschen da draußen Haiti so sehen. Aber wir versuchen mit unserer Kunst ein positives Bild zu zeigen. Es gibt hier mehr als nur Tod und Zerstörung. Wenn ich im Ausland bin und ausstelle, dann möchte ich ein positives Gesicht Haitis sein.« Auch das Beben hat daran nichts geändert. Seitdem die sieben Kunstwerke aus seinem Kopf und aus Croix-des-Bouquets fort sind, hat er einen Umgang damit gefunden.

Und darum scheint es in seiner Kunst zu gehen: einen Umgang zu finden mit dem, was das Leben bietet – vor allem ein Leben in Haiti. Überlegt er manchmal zu gehen, wie so viele andere? »Nein«, sagt er, »aus Haiti werde ich nicht weggehen« – auch wenn seine Kinder und seine Frau längst in den USA leben, genauso wie seine wichtigsten Förderer und Käufer. Angst davor, dass ihm irgendwann einmal die Motive ausgehen, hat er nicht. »Haiti hat immer etwas zu bieten. Da kann ich ganz entspannt alt werden.«

Ob er damit die ewige haitianische Katastrophe meint, die immer wiederkehrenden Rückschläge, die das Land prägen, oder die Hoffnung darauf, dass irgendwann einmal alles gut wird, sagt er nicht, sondern lächelt wieder dieses Lächeln, das mehr Gefühle verbirgt als zeigt, und rückt in seiner Galerie ein Bild gerade. Die Darstellung der heiligen Maria.

Gunnar Rechenburg (Text), Jens Grossmann (Fotografien)

»WIR VERSUCHEN MIT UNSERER KUNST EIN POSITIVES BILD VON HAITI ZU ZEIGEN.«

Mehr als 300 metallverarbeitende Künstler gibt es in Croix-des-Bouquets, die ihre Kunstwerke in etwa 60 Läden ausstellen.

ROSARIO RUIZ, 43 NICARAGUA, LA ESTANZUELA

»ÜBERALL KANN MAN ETWAS BEWEGEN«, SAGTE SICH ROSARIO, ALS SIE IN DAS ABGELEGENE BERGDORF ZOG. HEUTE HAT DIE FAMILIE DAS UNWIRTLICHE LAND URBAR GEMACHT UND ENGAGIERT SICH FÜR DEN UMWELTSCHUTZ.

Sie sucht sie nicht. Aber manchmal – vor allem nachts – kommen sie wieder, die Bilder und Gefühle aus der Kindheit. Das Geflüster nebenan in der dunklen Wohnstube. Bärtige, verschwitzte Männer mit Waffen, Guerilleros der Sandinistischen Befreiungsfront, verschlingen hungrig Maisfladen und Bohnen. Als ihr Vater überstürzt mit den Söhnen in die Berge flieht, kommen die Soldaten der Nationalgarde Anastacio Somozas. Sie erinnert sich, wie sie in der Küche den einzigen Sack Bohnen ausschütten und zusehen, wie die hungrigen Kinder Bohne für Bohne aufklauben. Sie hat sie noch vor Augen, die Nacht, in der sie ihren Vater verschleppen, und sie fühlt noch den Angstschweiß, als sie mit ihrer Mutter versteckt auf einem Pick-up flieht. Die Erinnerung daran hat sich tief eingebrannt in Rosarios Gedächtnis. So eine Welt gefällt ihr nicht.
Als die sandinistische Revolution siegt, beteiligt sich Rosario begeistert an der Alphabetisierungskampagne. Sie lernt in Kursen, wie man Lesen und Schreiben unterrichtet, und hilft als Lehrerin eifrig mit, beim Aufbau einer neuen, besseren Welt. Da ist sie gerade 16 Jahre alt. Doch die Schatten kommen zurück, denn die Euphorie der Revolution dauert nur kurz, dann beginnt die Kontrarevolution, wieder hält der Krieg Einzug in ihren Alltag. 1990 schließlich werden die Sandinisten abgewählt, das Lehrerkollegium wird von »revolutionären Elementen« befreit. Sie ist Anfang 20, als ihr Traum zerbricht. Die Familie kauft ein Stück Land in La

DIE FAMILIE RUIZ GEHÖRT ZU DEN PIONIEREN, DIE DAS AUF 1500 METERN HÖHE GELEGENE BERGGEBIET URBAR MACHTEN.

Gemeinsam mit ihren Eltern bewirtschaftet die 43-Jährige einen großen landwirtschaftlichen Betrieb.

Estanzuela, und Rosario hilft ihrer Familie. »Überall kann man etwas bewegen«, dachte sich Rosario trotzig. Sogar in den Bergen von Estelí. Ein tropisches Alpenparadies auf 1500 Metern Höhe. Die Familie Ruiz gehört zu den Pionieren, die das Land urbar machen. Heute säumen Zuckerrohrfelder, Orangenhaine, Kartoffeläcker und Viehweiden den holprigen Schotterweg. Über 300 Menschen leben in der Gegend.

Nicht nur der eigenen Familie hilft Rosario. Sie studierte Umweltwissenschaften in Managua und engagiert sich im Naturschutzgebiet La Estanzuela, über das sie 2001 sogar ihre Diplomarbeit schreibt. »Wir hatten keine Ahnung von Umweltschutz, wir kochten mit Holzkohle, fällten die Bäume, jagten die Rehe. Es blieb uns ja auch nichts anderes übrig, um zu überleben.« Inzwischen haben die Bauern Methoden erlernt, wie sie ihre Ernte lagern können, damit sie diese später selbst konsumieren oder zu besseren Preisen verkaufen können.

Doch nicht nur die Armut, auch der Fortschritt hinterlässt seine Spuren im Dorf. »Früher tranken wir Milch aus der Kalebasse, heute Erfrischungsbrause aus der Plastikflasche«, ist eine von Rosarios Sorgen. Abfall ist ein Problem, die Müllabfuhr kommt nur unregelmäßig, das Naturschutzgebiet dient deshalb vielen als wilde Müllkippe. Die politischen Konflikte von früher sind ihrem persönlichen Kampf gegen die Zerstörung der Umwelt gewichen. Aufklärungskampagnen, Baumpflanzaktionen, Umweltklassen in der Schule, Proteste gegen die Holzmafia – so engagiert sich Rosario heute. »Wir leben noch im Paradies, aber wenn wir uns nicht beeilen, machen wir auch das zur Hölle«, sagt sie resolut. Erlebt hat sie das schon, im Jahr 1998, als Hurrikan Mitch über der Bergregion tobte, der Bach sich in einen reißenden Fluss verwandelte und die Familie Ruiz fünf Tage auf dem Dach ausharren musste mit dem wenigen, was sie an Essen und Kleidung retten konnten. »Damals wurden wir völlig vom Klimawandel überrascht, und von Katastrophenschutz hatten wir noch nie gehört«, erinnert sich Rosario. »Mitch war ein Warnsignal.« Jedes Mal wenn sie darüber nachdenkt, ist Rosario wieder erstaunt, dass die Indus-

»WIR LEBEN NOCH IM PARADIES, ABER WENN WIR UNS NICHT BEEILEN, MACHEN WIR AUCH DAS ZUR HÖLLE.«

triestaaten, denen es doch so unermesslich viel besser geht als dem armen Nicaragua, nicht zu Zugeständnissen zum Schutz des Weltklimas bereit sind. Während sie jahraus, jahrein auf immer größeren, immer komplizierter werdenden Klimagipfeln verhandeln, spielt das Wetter in Rosarios Tropenparadies längst verrückt. »2010 regnete es 15 Tage am Stück. Die Straße in die Stadt war nicht mehr passierbar, und meine Kühe haben nicht einmal einen Liter Milch am Tag gegeben«, erzählt Rosario. 2011 wiederholte sich das Schauspiel, innerhalb von fünf Tagen fiel fast so viel Niederschlag wie damals bei Mitch, Zehntausende mussten evakuiert werden. Einsicht und Solidarität würde sich die engagierte Bäuerin aus Nicaragua wünschen von der Welt.

Ihr persönlicher Beitrag steht seit drei Jahren zu Hause in der Wohnstube, direkt unter dem Porträt von Che Guevara. Dort hat sie einen Niederschlagsmesser und ein Funkgerät installiert – mit Unterstützung der Welthungerhilfe. Seither steht die 43-Jährige täglich im Morgengrauen auf, geht zum Fluss, schreibt sich den Pegelstand auf, liest die gefallene Regenmenge ab und funkt die Daten durch zur Basisstation des Katastrophenschutzes in der Provinzhauptstadt Estelí. Die liegt flussabwärts und ist akut überschwemmungsgefährdet. Vor allem die Armenviertel direkt am Fluss. Nein, das sei doch keine große Mühe, winkt sie ab. »Es ist ein gutes Gefühl zu wissen, dass man damit Menschenleben retten und den Ärmsten helfen kann.« Es ist Rosarios Tribut an eine bessere Welt ohne Schatten.

Sandra Weiss (Text), Luca Zanetti (Fotografien)

Die Umweltwissenschaftlerin setzt sich energisch für das Naturschutzgebiet La Estanzuela ein.

Aus Maismehl fertigt Rosario Ruiz Fladen, die gebacken werden.

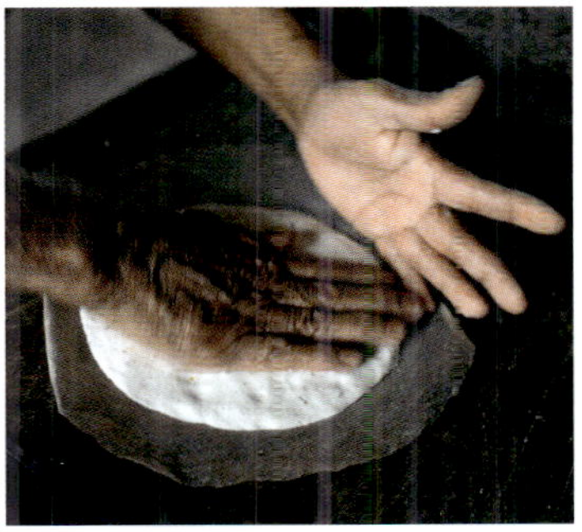

Die Familie von Rosario Ruiz gehört zu den Pionieren, die das Land urbar machten.

lucación y Ac
Ecolóc
RAL
de la vida sin
ell
09) 572-2
turaleza@ver
et.do

JOSÉ RAFAEL REYES CASTELLANOS, 58, DOM. REPUBLIK, MAO

JOSÉ SPRICHT LEISE UND NUR UNGERN ÜBER SEINE PERSON. ER MÖCHTE, DASS MAN SICH VIELMEHR SELBST EIN BILD VON IHM MACHT, ALS DASS ER ETWAS VON SICH ERZÄHLT. UND DAS MEISTE KANN MAN ÜBER IHN IN DEN BERGEN VON MAO ERFAHREN.

Der Ort Mao liegt am Fuße der dominikanischen Cordellieren. Es ist die Heimat von José Rafael Reyes Castellanos. Und die Projektregion seiner Hilfsorganisation. Auf der Fahrt erzählt er von den Bergen, von den Projekten. Er spricht nicht über sich, sondern über Naturaleza, seine Organisation. In Mao, an der Hauswand des Büros, wirbt Naturaleza mit einem philosophisch anmutenden Leitsatz: »Wir sind nicht Besitzer des Lebens, sondern Teil davon.« Gilt das noch? José überlegt einen Moment und nickt. »Das war früher so, und heute ist es nicht anders.« Früher das war in den 1980er-Jahren.

Damals wurde ihm irgendwann klar, dass er tätig werden musste, weil er sah, was kommen musste: »Es sollten damals mehrere staatliche Dienstleistungen vor allem für die Menschen auf dem Land privatisiert werden. Uns war klar, dass sich dadurch vor allem im Bereich des Umweltschutzes und der ländlichen Entwicklung einiges verschlechtern würde. Deshalb haben wir Naturaleza gegründet.« Wenn er von »wir« spricht, meint er sich und drei seiner Freunde aus dem Landwirtschaftsministerium, für das sie jahrelang gemeinsam gearbeitet haben.

»Unser Ziel war es, mit den Menschen in den Dörfern Produktionsformen zu entwickeln, die umweltschonend sind und gleichzeitig die Lebensbedingungen deutlich verbessern.« Dabei ging es um technisches Know-how, aber nicht nur. »Früher haben die Dörfer regelmäßig etwas bekommen: vom Staat, von Organisationen ...

»UNSER ZIEL WAR ES, MIT DEN MENSCHEN IN DEN DÖRFERN PRODUKTIONSFORMEN ZU ENTWICKELN, DIE UMWELTSCHONEND SIND UND GLEICHZEITIG DIE LEBENSBEDINGUNGEN DEUTLICH VERBESSERN.«

Die Berge von Mao sind das Zuhause des Gründers der Hilfsorganisation Naturaleza.

José Rafael Reyes Castellanos betrachtet die Bilder der drei Dorfgründer.

Sie waren Objekt der Entwicklung und nicht ihr Akteur.« Mit Selbstbewusstsein und Verstand für die eigenen Bedürfnisse eintreten: Auch das will Naturaleza den Bauern in den Bergen von Mao beibringen.

Die Fahrt von Mao hinauf in die Berge dauert gut eine Stunde. Die geteerte Straße wird irgendwann zur Piste. Warum engagiert sich jemand, der mit den Qualifikationen auch außerhalb der Dominikanischen Republik Geld verdienen könnte, für Menschen irgendwo in den Cordellieren? »Ich war viel im Ausland, aber ich habe gemerkt, dass ich hier einen Beitrag leisten will.« Er fährt durch seine Berge. Und nach einer Weile erzählt er dann doch von sich. Eigentlich, so sagt er, wäre er gerne Priester geworden. Er hat auf einer Salesianer-Schule Abitur gemacht. »Es gab eine Eignungsprüfung, wer von uns für das Amt des Priesters taugt und wer nicht. Ich habe bestanden.« Trotzdem hat er sich anders entschieden. Der Grund dafür war der frühe Tod seines Vaters. »Einer der Padres hat mir den Rat gegeben, nicht Priester zu werden. Ich solle lieber einen Beruf erlernen, mit dem ich meine Familie ernähren kann.« Hat er diesen Entschluss jemals bereut? »Nein, nicht einen Tag. Ich hatte die Chance, eine gute Ausbildung zu bekommen, und jetzt möchte ich das, was ich erlernt habe, an andere Menschen weitergeben.«

Einige dieser Menschen will er an diesem Tag in den Bergen von Mao treffen. Der Weg führt über ausgewaschene Pisten, vorbei an Feldern, durch Wälder, bis José das erste Dorf erreicht. Wenn man etwas über ihn erfahren will, muss man mit den Menschen sprechen, um die sich seine Organisation kümmert. Sie schätzen ihn alle, den groß gewachsenen Mann mit dem ausdrucksstarken Gesicht. Sie schätzen ihn wegen seiner Bescheidenheit, aber vor allem wegen seiner Klugheit. Es ist der Beginn der Regenzeit, jeden Tag ziehen schwere Wolken über die Gipfel der Cordellieren. Jetzt ist alles grün, die Ernten sind gut. »Im Juli, August sieht es hier anders aus.« Nahrungsmittelknappheit ist in den Sommermonaten keine Seltenheit. Naturaleza hat Wege gefunden, den Menschen zu helfen. Maniok ist hier eines der wichtigsten Produkte. Daraus wird Cassave gemacht, ein in der Region beliebtes Fladenbrot. Im Dorf Piedra Blanca stellen sie Cassave für den Verkauf her. Die

Aus der Maniok-Knolle entsteht Mehl, das zu Fladenbrot weiterverarbeitet wird.

Frauenförderung wird bei Naturaleza großgeschrieben, und das mit Erfolg – im Nachbarort gibt es bereits die erste Bürgermeisterin.

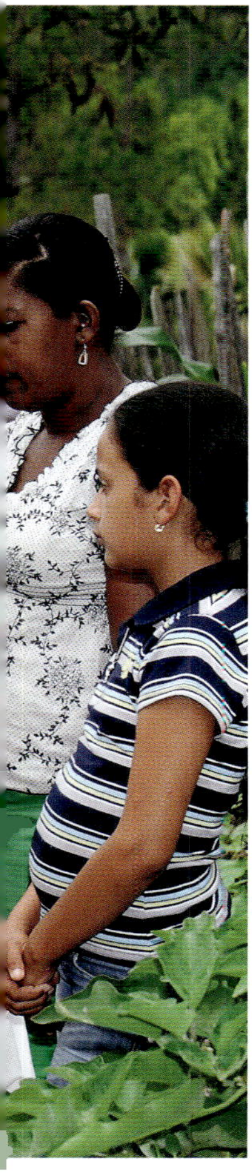

WIR SIND NICHT BESITZER DES LEBENS, SONDERN TEIL DAVON.

Produktion geht so gut, dass der selbst angebaute Maniok nicht mehr reicht. Die Bewohner von Piedra Blanca müssen dazukaufen.
Darüber hinaus hat Naturaleza es geschafft, dass die Menschen für sich selber einstehen. »Wir haben vor allem die Frauen gefördert«, sagt José. Mit Erfolg: Im Nachbardorf von Piedra Blanca regiert die einzige Bürgermeisterin in der gesamten Region. Und die Menschen beginnen die Natur stärker zu achten. Klar, sagt Andres Avelino Tejada, habe sich einiges verändert, seit José in die Dörfer komme. Tejada ist mit über 80 Jahren einer der Ältesten im Dorf. »Früher haben wir gelernt, den Wald zu roden, jetzt lernen wir, den Wald zu schützen« – so wie es bei Naturaleza in Mao an der Hauswand steht: Wir sind nicht Besitzer des Lebens, sondern Teil davon.
Auf der Rückfahrt erzählt José von Kiel. 1991 war er dort. Er berichtet von Forschungsprojekten in Schleswig-Holstein. Castellanos ist seit mehr als 20 Jahren ein Weltreisender in Sachen Landwirtschaft. Und er sagt, dass er Mao niemals für immer verlassen würde. Über das, was die Menschen in den Bergen von Mao über die Fortschritte im Dorf berichten, spricht er nicht, aber man merkt ihm die Freude an. Er weiß, dass das auch sein Verdienst ist. Sagen würde er das so aber nicht.

Gunnar Rechenburg (Text), Jens Grossmann (Fotografien)

MENSCHEN UND PROJEKTE

EYAYA MISGAN

Weil er ein hervorragender Schüler war, aber seine Familie sich die lange Ausbildung nicht hätte leisten können, wurde dem hoch begabten Eyaya Misgan von der äthiopischen Nichtregierungsorganisation Wabe Children's Aid and Training (WCAT) ein Medizinstudium ermöglicht. Heute arbeitet Eyaya Misgan als Gynäkologe am Black Lion Hospital in Addis Abeba.
Gemeinsam mit der Partnerorganisation kümmert sich die Welthungerhilfe vor allem um Waisen und besonders bedürftige Kinder. Alleine in Misgans Heimatstadt Nefas Mewcha werden derzeit rund 225 Waisen und besonders bedürftige Kinder unter anderem mit Zusatzunterricht, Schulmaterialien, Kleidung, Schuhen, Decken und Lebensmittelzuschüssen unterstützt.

Seite 10

MARIA ELISA MACUÁCUA

Das Waisenheim Maria Auxiliadora bietet vernachlässigten oder verwaisten Kindern die Chance auf ein selbstbestimmtes Leben. Rund 100 Mädchen haben hier ein neues Zuhause gefunden. Alle Heimbewohnerinnen werden entsprechend ihren Fähigkeiten gefördert. Sie besuchen die Schule und lernen in ihrer Freizeit alles über Gartenarbeit, den Umgang und die Versorgung der Tiere und Hausarbeit. Für die älteren Mädchen werden Computerkurse angeboten. Wenn die Schulausbildung abgeschlossen ist, können sich die jungen Frauen für eine Berufsausbildung zum Beispiel in der hauseigenen Schneiderei oder Bäckerei entscheiden. Da viele Mädchen aufgrund ihrer bisherigen Lebenserfahrungen traumatisiert sind, steht ihnen zudem eine professionelle psychologische Betreuung zur Seite. Die meisten Kinder

MANUELA SOEIRO

stammen aus der Region um die Hauptstadt Maputo, nur 80 Kilometer von Namaacha entfernt. Ihre Eltern sind durch Aids oder Krankheiten gestorben, an Unfällen, den Folgen von Naturkatastrophen oder an der allgegenwärtigen Armut. Knapp 20 Jahre nach Ende des Bürgerkrieges gehört Mosambik noch immer zu den ärmsten Staaten der Welt. Die Lebenserwartung liegt bei 48 Jahren. Die Welthungerhilfe unterstützt das Projekt seit 1996. Damals begann der Wiederaufbau des vom Bürgerkrieg zerstörten Mädcheninternats, das die international bekannte Theaterdirektorin Manuela Soeiro während der portugiesischen Kolonialregierung besuchte und in dem Maria Elisa Macuácua seit 2009 lebt.

Seiten 16, 42

DORIS FATIMA WEBBER

Doris Fatima Webber arbeitet als Lehrerin auf der Halbinsel Western Area Peninsula in der Nähe der Hauptstadt Freetown. Dort bildet sie für die Partnerorganisation der Welthungerhilfe Women Advocacy and Agricultural Development Organization (WAADO) Frauen im Schneidern, Batiken oder Kochen aus. Zuvor hatten die meisten der Frauen ihren Lebensunterhalt bestritten, indem sie im Waldschutzgebiet Steine für den Straßenbelag klein geklopft oder Brennholz gesammelt haben. Durch die neuen Einkommensmöglichkeiten sind sie darauf nicht mehr angewiesen und das wichtige Waldschutzgebiet wird geschützt. Die Welthungerhilfe hat das Waldschutz-Projekt WAPFoR mit verschiedenen lokalen Partnern wie WAADO im Jahr 2009 begonnen.

Seite 24

TANDEMA DIEUDONNE

Tandema Dieudonne ist seit 2002 Sicherheitsbeauftragter und stellvertretender Projektleiter in Bunia im gefährlichen Osten des Kongo. Die Welthungerhilfe unterhält dort mehrere Projekte. Unter anderem sollen durch landwirtschaftliche Fortbildungen der Ertrag der Bauern gesteigert und Straßen und Wassersysteme repariert werden. Ein wichtiges Arbeitsgerät für Tandema ist sein Handy mit den Nummern der wichtigsten Militärs und politischen Köpfe. Auch kennt er viele Rebellenführer – viele von ihnen waren seine Schüler. Tandema Dieudonne hat ein Netzwerk aufgebaut, das für die Mitarbeiter der Welthungerhilfe eine Art Lebensversicherung ist. Denn nur durch die ständigen Kontakte kann er die Sicherheitslage einschätzen.

Seite 30

TSIGEE WORKU

ist Mitglied im Vorstand des Wasserkomitees in Argedashaldo. Die Gemeinde liegt im Arsi-Negelle-Distrikt der Oromiya-Region in Äthiopien. Zusammen mit der Partnerorganisation Bole Baptist Bible Church betreibt die Welthungerhilfe hier ein Wasser-, Sanitär- und Hygieneprojekt. Nach Abschluss des Vorhabens Ende 2012 werden 137.000 Menschen Zugang zu sauberem Trinkwasser und 105.000 Menschen über sanitäre Anlagen verfügen. Drei Sammelzisternen werden angelegt, 51 Kilometer Wasserleitungen verlegt und 53 Wasserkioske gebaut sein. Durch Keime im Wasser übertragene Krankheiten sollen dann der Vergangenheit angehören, und den Frauen werden stundenlange Märsche zur nächsten Wasserstelle erspart bleiben.

Seite 36

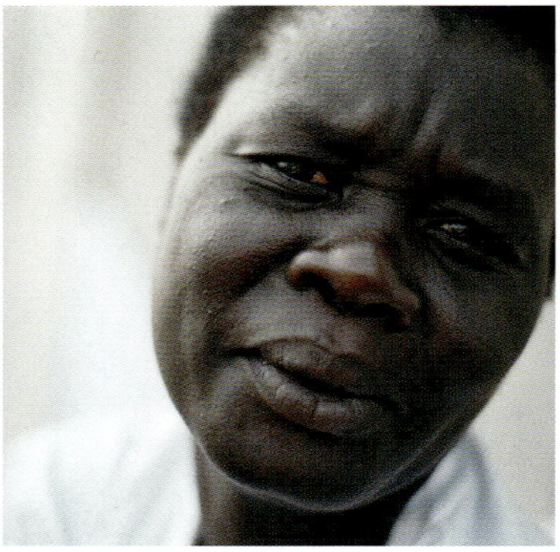

BUCAY DENG

Bucay Deng ist Projektkoordinatorin für die Welthungerhilfe in einem von schweren Konflikten gebeutelten Land – dem Südsudan. Seit Ende 2010 sind über 350.000 ehemalige Kriegsflüchtlinge aus dem Nordsudan in ihre alte Heimat zurückgekehrt. Die meisten dieser Menschen sind völlig mittellos – ohne Unterkunft, Land oder Einkommen. Um die akute Not zu lindern, verteilt die Welthungerhilfe an Bedürftige eine Basisausrüstung, bestehend aus Planen, Decken und Ähnlichem. Zudem werden überlebenswichtige Nahrungsmittel an arme Familien verteilt. Bucay Deng hilft, die Verteilungen zu koordinieren, aber sie hält für die Welthungerhilfe auch Kontakt zu den Behörden, der Regierung und den verschiedenen Organisationen vor Ort.

Seite 56

IBRAHIM SANKOH

Ibrahim Sankoh engagiert sich in seinem Heimatort River No. 2 für den Aufbau von Gemeindestrukturen und für einen ökologisch verträglichen Tourismus. River No. 2 liegt auf der Halbinsel Western Area Peninsula in der Nähe der Hauptstadt Freetown. Das Waldschutzgebiet dort ist eines der ökologisch wertvollsten Wälder Sierra Leones auf einer Fläche von etwa 17.000 Hektar. Ziel des seit 2009 begonnenen und auf fünf Jahre angelegten Projektes WAPFoR ist auch hier (siehe Doris Fatima Webber) die Existenzsicherung durch neue Einkommensquellen, in diesem Fall durch ökologisch verträglichen Tourismus.

Seite 62

MARIE MASIKA-KAFANYA

Marie Dolorose Masika-Kafanya aus der Stadt Butembo im Osten des Kongo ist gelernte Krankenschwester und Mitbegründerin des Frauenprojektes FEPSI (Femmes Engagées pour la Promotion de la Santé Intégrale – Frauen engagieren sich für die Gesundheitsförderung). Die Welthungerhilfe unterstützt seit einigen Jahren das angeschlossene Krankenhaus Centre Hospitalier FEPSI mit seinen 63 Betten und den 57 Angestellten sowie das Aids-Vorsorgeprojekt von FEPSI finanziell. Marie Dolorose Masika-Kafanya, die drei erwachsene Kinder hat, hat das Krankenhaus bis 2011 geleitet. Jetzt arbeitet sie – weitgehend ehrenamtlich – wieder als Krankenschwester in dem Projekt mit und kümmert sich vor allem um Verwaltungsaufgaben.

Seite 68

DR. MANASI CHAKRABORTY

Dr. Manasi Chakraborty ist Mitarbeiterin des indischen Welthungerhilfe-Partners Sri Ramkrishna Ashram Nimpith (SRAN) in Westbengalen. SRAN hat ein breit gefächertes Angebot in den Bereichen Kultur, Bildung und Sozialdienste wie auch der ländlichen Entwicklungsarbeit mit dem Ziel sozialer und wirtschaftlicher Besserstellung benachteiligter Menschen. Die Aufgabe von Manasi Chakraborty ist die Gesundheits- und Ernährungsberatung von Frauen und Familien auf den Sundarbans. Dort bildet sie Multiplikatorinnen aus, damit diese ihr Wissen in ihre Gemeinden tragen können. In Zusammenarbeit mit dem staatlichen Gesundheitsdienst soll so eine verbesserte Versorgung vor allem vor und nach der Geburt sichergestellt werden.

Seite 76

U WIN HAN

Im Jahr 2008 hat U Win Han, als er seinen neuen Nachbarn Lothar Kinzelmann kennenlernte, zum ersten Mal von der Welthungerhilfe erfahren. Kurz danach tobte der Wirbelsturm Nargis über Burma und zusammen organisierten sie kleinere Hilfsmaßnahmen. Seither verfolgt U Win Han die Arbeit des Deutschen im Township Htan Tabin vor den Toren Ranguns. Den Ansatz der Welthungerhilfe schätzt er sehr, da durch die Förderung der Selbsthilfekräfte, den Aufbau von Dorforganisationen, durch Fortbildungen und Kleinkredite bessere Einkommensmöglichkeiten geschaffen und die kleinbäuerliche Landwirtschaft gefördert wird. Als ehemaligem Lehrer liegt ihm besonders an den Dorfschulen, die von der Welthungerhilfe gebaut werden.

Seite 82

DR. KHEM RAJ NEUPANE

bildet die Bergbauern in Korak regelmäßig in Bienenzucht fort. Die Menschen hier gehören zu den Ärmsten in ganz Nepal. Gemeinsam mit dem lokalen Partner Rural Reconstruction Nepal hat sich die Welthungerhilfe viel vorgenommen: In den kommenden Jahren sollen Bauerngruppen sowie eine landwirtschaftliche Genossenschaft gegründet werden. Gemeinsam wollen sie Gemeindezentren bauen und eine Saatgutbank einrichten, damit die Familien ihre Wälder wieder aufforsten und zum Beispiel Honig herstellen können, um ihr Einkommen aufzubessern. Zudem werden sie Bewässerungsanlagen und eine 20 Kilometer lange Straße bauen, die ihnen auch während des Monsunregens Zugang zum Markt verschafft.

Seite 88

NAZIR MAY

Bei der Monsunflut in Pakistan wurden fast ein Fünftel des gesamten Landes überschwemmt und allein im zentralpakistanischen Punjab über 375.000 Häuser zerstört. Auch das von Nazir May. Sie lebt in dem Ort Jhandheera Abat in der Region Punjab. Das Dorf wurde von der Flut weitestgehend verschont – bis auf Nazir Mays Haus. Die Hilfsorganisationen waren in vielen der stark betroffenen Dörfer in der Region tätig, nicht aber in Jhandheera Abat. Die Zerstörung dort war zu gering. Nazir May hatte dennoch Glück. Im Nachbardorf hat die Welthungerhilfe Häuser und Latrinen wiederaufgebaut. Die Bewohner dort haben überschüssiges Baumaterial gesammelt, es nach Jhandheera Abat gebracht und Nazir May ein neues Haus gebaut.

Seite 94

ADEU

Im Bergdorf Khaysone, in dem Adeu geboren wurde, hat die Reisernte bei den meisten der 116 Familien nur für ein halbes Jahr gereicht. Das Projekt der Welthungerhilfe soll Hunger und Armut endlich beenden: Zusätzlich zum traditionellen Bergreis werden ertragreichere Nassreisfelder angelegt; durch den Bau von Fischteichen und den Anbau von Obst und Gemüse wird die Ernährung der Menschen ergänzt. Außerdem soll eine »Reisbank« die Zeit bis zur nächsten Ernte überbrücken. Dort leihen sich die Bauern den Reis und sind nicht von hohen Händlerpreisen und Preisschwankungen abhängig. Später wird der Reis wieder »eingezahlt«. Und durch einen Dorfkreditfonds sind die Familien nun in der Lage, Saatgut oder Tiere zu kaufen.

Seite 100

SWAMI SADANANDA

Swami Sadananda führt als Abt den Sri Ramkrishna Ashram Nimpith (SRAN) in Westbengalen nahe der Grenze zu Bangladesch, der 1961 von Swami Buddhananda gegründet wurde. Die Welthungerhilfe arbeitet seit den 1970er-Jahren an unterschiedlichen Orten und in verschiedenen Projekten mit SRAN zusammen. Im Augenblick liegt ein Schwerpunkt der Zusammenarbeit von SRAN und Welthungerhilfe in einem Programm zur Förderung der Bürgerrechte in den Sundarbans. Dort wird die Bildung dörflicher Strukturen unterstützt, etwa durch die Bildung von Selbsthilfegruppen oder Elternkomitees. Die Dorfbewohner werden dadurch in die Lage versetzt, Rechte und staatliche Dienstleistungen einzufordern und ihre Umsetzung mitzugestalten.

Seite 108

ANNET ROYCE

Annet Royce arbeitet für die Sewa-Lanka-Stiftung, eine Partnerorganisation der Welthungerhilfe. Von Beginn an verstand sich Sewa Lanka als Anlaufstelle für alle religiösen und ethnischen Gemeinschaften des Landes. Die Organisation legt auch großen Wert auf die Stärkung der Zivilgesellschaft, Bildung und Friedenserziehung. Das Büro von Annet Royce befindet sich in Vavuniya am Rande des tamilischen Siedlungsgebiets im Norden von Sri Lanka. Sie ist stellvertretende Planungsdirektorin für den gesamten Norden und trägt damit eine hohe Verantwortung als Frau. Die Zielgruppe sind intern Vertriebene, die nach langen Jahren der Abwesenheit wieder zurück in ihre alten Heimatorte kommen und sich dort wieder ansiedeln.

Seite 120

MOHAMMAD BILAL

Mohammad Bilal ist stellvertretender Gemeindevorsitzender in Dedar Wala. Das kleine Dorf im zentralpakistanischen Distrikt Kot Adu wurde im Sommer 2010 durch die verheerende wochenlange Monsunflut nahezu vollständig zerstört – auch das Haus von Mohammad Bilal und seiner Familie. Die Welthungerhilfe hat unmittelbar nach der Flut in der am stärksten betroffenen Region Pakistans Nothilfe geleistet. Gemeinsam mit der lokalen Partnerorganisation CABI und der Dorfbevölkerung wurden innerhalb weniger Monate 52 zerstörte Häuser in Dedar Wala wieder aufgebaut und zudem 37 Latrinen und 46 Handpumpen errichtet. In Zukunft will die Welthungerhilfe in der Region vor allem die landwirtschaftliche Entwicklung unterstützen.

Seite 126

SOUPHASIT BOUNYAVONG

SouphasitBounyavong ist nationaler Programm-Koordinator der Welthungerhilfe in Laos. Er ist verantwortlich für die Planung, das Monitoring und die Evaluierung von vier Welthungerhilfe-Entwicklungsprojekten und steht den Menschen bei der Umsetzung beratend zur Seite. Mehr als die Hälfte der laotischen Bevölkerung wird als arm eingestuft. Die Welthungerhilfe arbeitet mit lokalen Partnerorganisationen in den Provinzen Savannakhet und Bokeo. Durch verbesserte landwirtschaftliche Methoden sollen dort die Bauern ihre Erträge steigern, damit sie ein besseres Auskommen haben. Außerdem wird der Gemüse- und Obstanbau gefördert – nur so kann eine ausgewogene und vitaminreiche Ernährung der Menschen sichergestellt werden.

Seite 132

DR. KEK GALABRU

ist Präsidentin und Mitgründerin der kambodschanischen Nichtregierungsorganisation LICADHO, der Liga für die Verbreitung und Verteidigung von Menschenrechten in Phnom Penh. Gemeinsam mit der Welthungerhilfe kümmert sich LICADHO unter anderem um die Opfer von Landraub. Die Welthungerhilfe unterstützt ein Projekt, von dem rund 4500 Menschen profitieren, die zwangsumgesiedelt wurden und unter menschenunwürdigen Bedingungen in behelfsmäßigen Unterkünften ohne ausreichend Nahrung oder medizinische Versorgung leben. Die Menschen erhalten Nahrungsmittel, Decken und Planen, juristischen Beistand und medizinische Versorgung. Ziel ist es, die Gesundheit und Lebenssituation der Menschen zu verbessern.

Seite 138

MANJUSRI

Der Mönch Manjusri arbeitet für die Welthungerhilfe-Partnerorganisation Sewa Lanka, die 1992 von Buddhisten gegründet wurde. Neben der ländlichen Entwicklung liegt ein Schwerpunkt der Aktivitäten der Stiftung auf Bildung und Friedenserziehung. Das ist der Arbeitsbereich von Manjusri. Neben seinem Kloster in der Nähe der Hauptstadt Colombo hält er sich vor allem im Islander Center im Norden der Insel auf. Dort führt er Weiterbildungsseminare für Führungskräfte sowie Versöhnungsprogramme für tamilische und singhalesische Jugendliche durch. Das Islander Center wurde von Sewa Lanka gemeinsam mit der Welthungerhilfe initiiert und inspiriert zahlreiche Besucher nicht nur aus Sri Lanka, sondern aus aller Welt.

Seite 146

JORGE FLORES

In Zentralamerika treten Naturkatastrophen wie Wirbelstürme immer häufiger auf. In San Juan de Limay, Teil des Departements Estelí im Norden von Nicaragua, entwickelte die Welthungerhilfe deshalb ein Projekt zur Katastrophenvorsorge. Dank des Projektes gibt es heute Rettungsbrigaden mit über 7000 Mitgliedern, bestehend aus Sanitätern, Feuerwehrleuten, Polizisten und Freiwilligen, die für den Notfall ausgebildet wurden und dann zum Einsatz kommen. Jorge Flores hat mitgeholfen, die Feuerwehr zu professionalisieren und im ganzen Landkreis die freiwilligen Rettungsbrigaden auszubilden. Zudem wurde gemeinsam mit der Bevölkerung und staatlichen Einrichtungen ein Frühwarnsystem im Becken des Flusses Estelí eingerichtet. Rosario Ruiz ist ein Teil dieses Frühwarnsystems. Ihre Arbeitsgeräte sind ein Niederschlagsmesser und ein solarbetriebenes Funkgerät. Jeden Morgen schreibt sie den Pegelstand des Flusses auf, liest die gefallene Regenmenge ab und funkt die Daten zur Basisstation des Katastrophenschutzes in der Provinzhauptstadt Estelí. Hier werden die Daten ausgewertet, und wenn die Regenmenge zu groß wird, kann die Evakuierung der gefährdeten Viertel durch die Rettungsbrigaden frühzeitig eingeleitet werden.

ROSARIO RUIZ

Seiten 152, 188

AVIEN ARISTIDE

Avien Aristide ist seit 15 Jahren Mitarbeiter der Welthungerhilfe im Nordwesten Haitis. Der Landwirt ist als Berater für Bauern in Jean-Rabel tätig. Bereits vor dem Beben im Januar 2010 war die Welthungerhilfe in Haiti im Einsatz – vor allem in den Bereichen Katastrophenvorsorge, Ernährungssicherung und ländliche Entwicklung. Durch Überschwemmungen, Bodenerosion und klimatische Einflüsse sind die landwirtschaftlichen Erträge in weiten Teilen Haitis dramatisch gesunken. Mit Bewässerungssystemen und verbesserten Anbaumethoden unterstützt die Welthungerhilfe die Bauern. Avien Aristide arbeitet in diesen Projekten als Trainer und Berater vor Ort. Er selbst lebt mit seiner Familie in Gonaïves im Norden Haitis.

Seite 158

SANDRA FERNÁNDEZ DEL RÍO

Sandra Fernández del Río war eine der Gewinnerinnen des Wettbewerbs »WeltGewänder« der Welthungerhilfe im Jahr 2009. Die Aufgabe war, eine Kollektion aus Stoffen zu entwerfen, die in Mali, Indien und Peru hergestellt wurden. Die Erlöse der Veranstaltung sind in ein Projekt der Welthungerhilfe zur ländlichen Entwicklung in den peruanischen Anden geflossen. Dort konnten 1600 Bäuerinnen und Bauern an Fortbildungen über umweltverträgliche und ökologische Landwirtschaft teilnehmen. Sie erwirtschaften auf ihren Höfen jetzt so viel, dass sie den Überschuss gemeinschaftlich verkaufen können und sich ihr Leben durch das Zusatzeinkommen jetzt entscheidend verbessert hat.

Seite 168

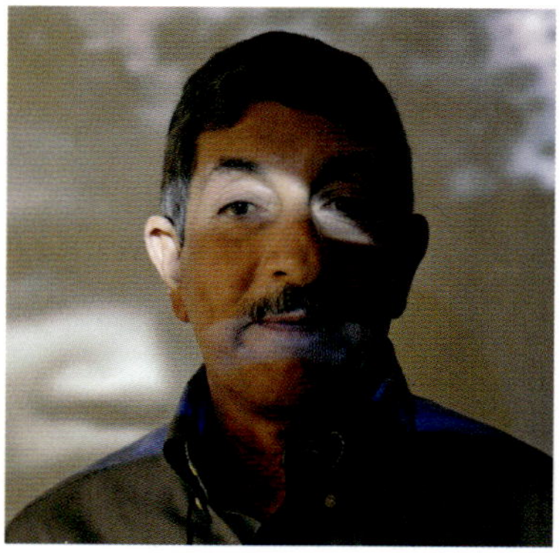

HORACIO J. ORNES HEDED

Horacio J. Ornes Heded ist Gründer der dominikanischen Nichtregierungsorganisation Fudeco. Bereits im Jahr 1980 hat die Welthungerhilfe begonnen, mit dieser Partnerorganisation zu kooperieren. Das gemeinsame Ziel: die Verbesserung der Infrastruktur im ländlichen Raum, eine Verbesserung der Einkommens- und Ernährungssituation sowie der Bildungsmöglichkeiten für Kinder und Jugendliche. Die Welthungerhilfe legt ihren Schwerpunkt auf Kooperationen mit dominikanischen Partnerorganisationen im Rahmen von regionalen Programmen vor allem im Bereich Ressourcenschutz, deshalb wird Fudeco momentan nicht direkt unterstützt. Beratend und informell arbeiten die Welthungerhilfe und Horacio J. Ornes jedoch nach wie vor zusammen.

Seite 176

SERGE JOLIMEAU

Das Dorf Croix-des-Bouquets, in dem Serge Jolimeau lebt und arbeitet, liegt nahe der haitianischen Hauptstadt Port-au-Prince. Das Dorf ist Werkstatt, Atelier und Wohnort für rund 300 Künstler. Nach dem Beben hat sich auch dort die wirtschaftliche Situation massiv verschlechtert. Was den Bewohnern fehlte, war vor allem Arbeitszeit: Ab 18 Uhr ist es in dem äquatornahen Haiti nahezu dunkel. Die Welthungerhilfe hat der Künstlergemeinschaft einen Generator zur Verfügung gestellt und führt ein Projekt zur Stromversorgung und Verbesserung der Lichtverhältnisse in den Ateliers durch. Dazu gehörte auch die Straßenbeleuchtung durch Solarlampen, die die Nutzung von öffentlichen Plätzen ermöglicht und zu mehr Sicherheit führt.

Seite 182

JOSÉ RAFAEL REYES
CASTELLANOS

Im Gegensatz zum Nachbarland Haiti hat sich die Lage in der Dominikanischen Republik in den vergangenen Jahren deutlich verbessert. Die Welthungerhilfe unterstützt jetzt vor allem Projekte, die von Partnerorganisationen durchgeführt werden und Bestandteil regionaler Programme sind. Eine dieser Organisationen ist Naturaleza, deren Gründer José Rafael Reyes Castellanos ist. Der Agrarökonom setzt sich vor allem in den Bereichen Umweltschutz und nachhaltige Landwirtschaft ein. Auch Frauen werden gefördert – so gibt es im Nachbardorf von Piedra Blanca in den Bergen die erste Bürgermeisterin in der Region. Die Welthungerhilfe unterstützt die Projekte in den dominikanischen Cordellieren seit 1992.

WELTKARTE

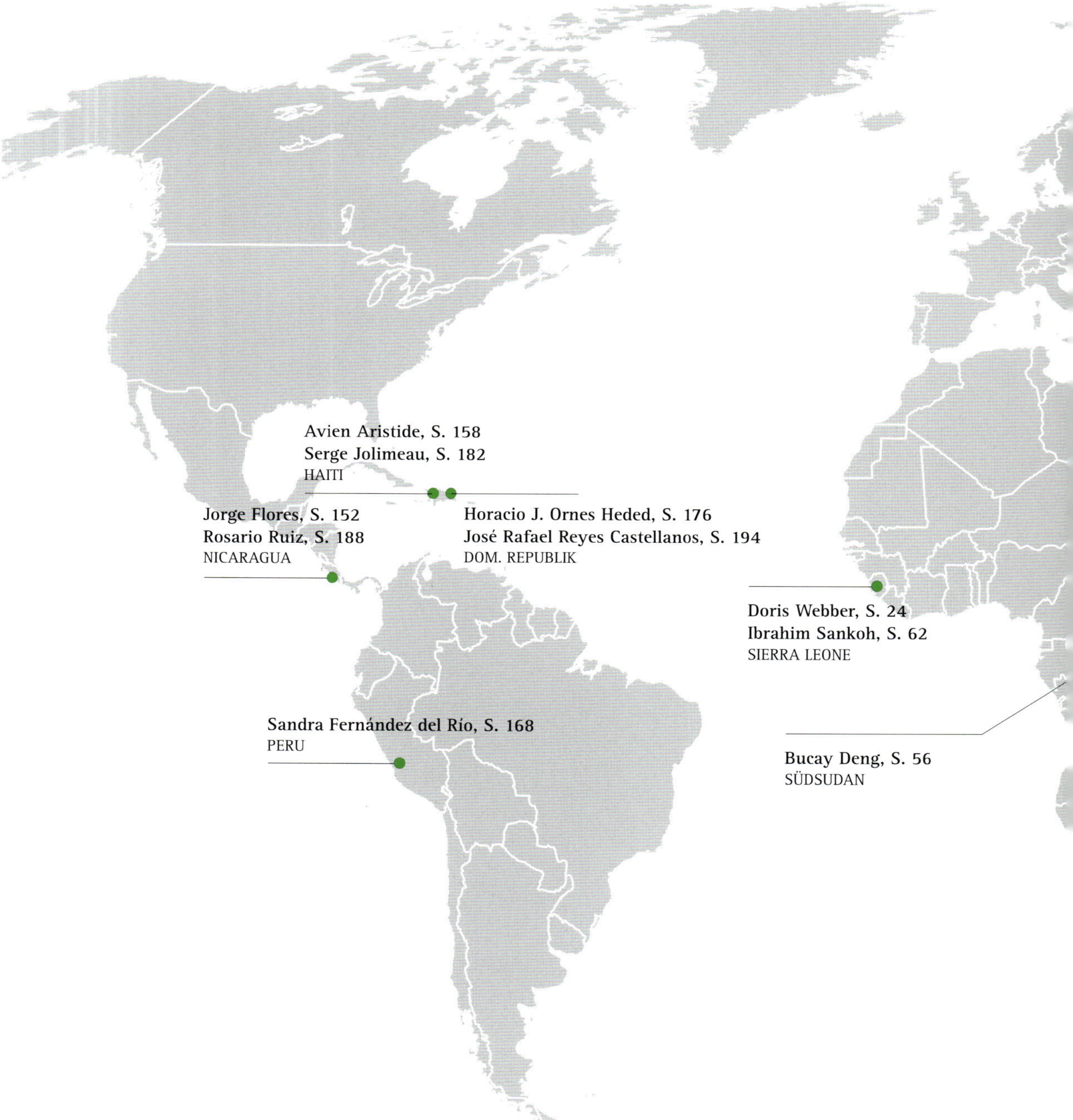
Avien Aristide, S. 158
Serge Jolimeau, S. 182
HAITI
Jorge Flores, S. 152
Rosario Ruiz, S. 188
NICARAGUA
Horacio J. Ornes Heded, S. 176
José Rafael Reyes Castellanos, S. 194
DOM. REPUBLIK
Doris Webber, S. 24
Ibrahim Sankoh, S. 62
SIERRA LEONE
Sandra Fernández del Río, S. 168
PERU
Bucay Deng, S. 56
SÜDSUDAN

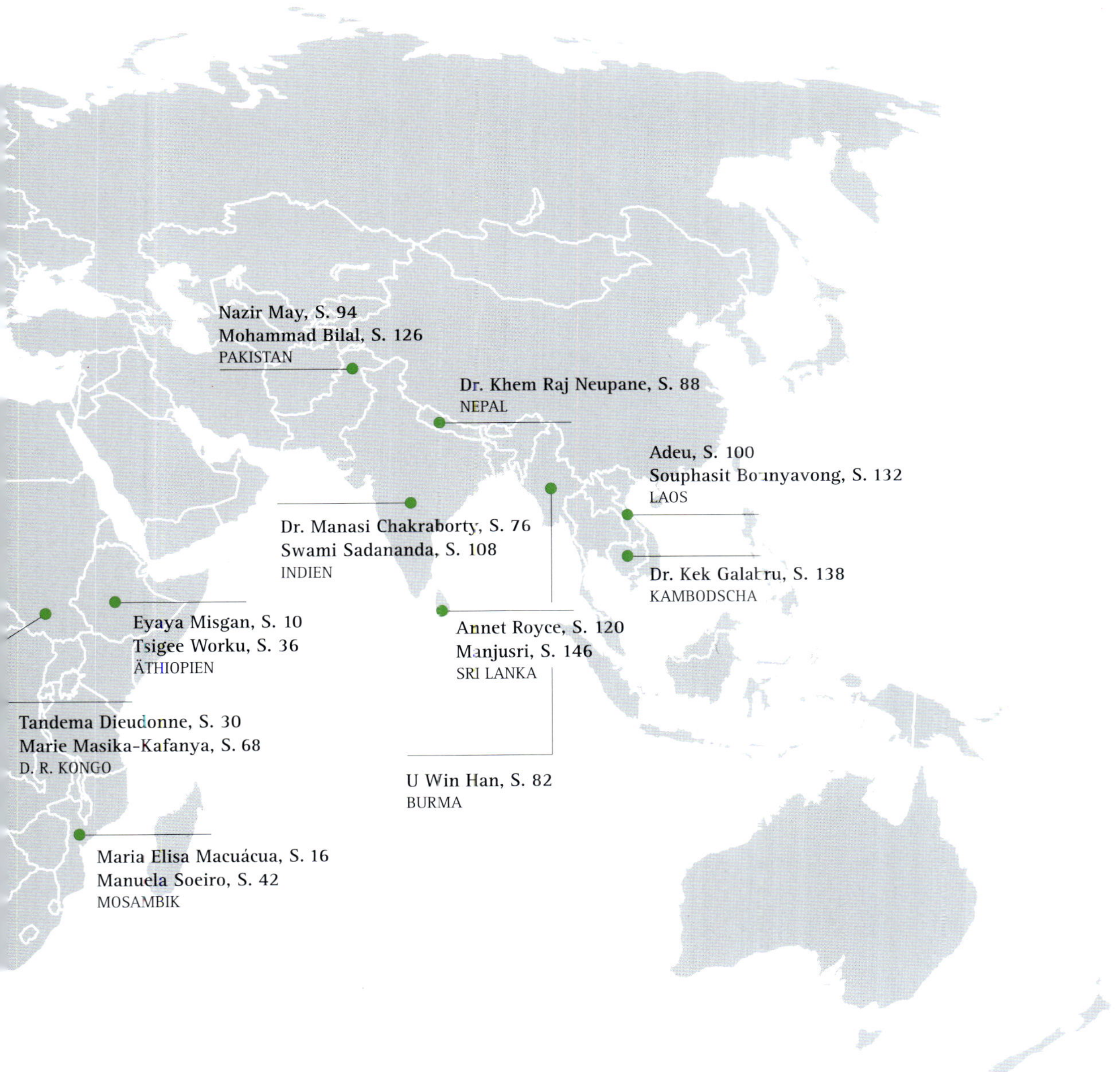

Nazir May, S. 94
Mohammad Bilal, S. 126
PAKISTAN
Dr. Khem Raj Neupane, S. 88
NEPAL
Adeu, S. 100
Souphasit Bounyavong, S. 132
LAOS
Dr. Manasi Chakraborty, S. 76
Swami Sadananda, S. 108
INDIEN
Dr. Kek Galabru, S. 138
KAMBODSCHA
Eyaya Misgan, S. 10
Tsigee Worku, S. 36
ÄTHIOPIEN
Annet Royce, S. 120
Manjusri, S. 146
SRI LANKA
Tandema Dieudonne, S. 30
Marie Masika-Kafanya, S. 68
D. R. KONGO
U Win Han, S. 82
BURMA
Maria Elisa Macuácua, S. 16
Manuela Soeiro, S. 42
MOSAMBIK

IMPRESSUM

Deutsche Originalausgabe

Ein Unternehmen der La Martinière Groupe

Verantwortlich für die Welthungerhilfe: Dr. Wolfgang Jamann
Redaktion: Patricia Summa (Leitung), Katherin Longwe (Grafik),
Rudi Laschet (Bildredaktion)
Gestaltungskonzept: Bernd A. Hartwig, TEMPUS CORPORATE GmbH –
Ein Unternehmen des ZEIT-Verlags
Layout und Satz: Leonore Höfer, Knesebeck Verlag
Herstellung: Sieveking, München
Lithografie: Reproline mediateam, München/Unterföhring
Druck: Grafisches Centrum Cuno, Calbe
Printed in Germany

ISBN 978-3-86873-494-2

www.knesebeck-verlag.de

Dieser Band entstand in Kooperation mit der Welthungerhilfe und erscheint aus Anlass des 50-jährigen Jubiläums der Welthungerhilfe.

Umschlagabbildungen, Vorderseite: Michael Tsegaye,
Rückseite von oben links nach unten rechts: Luca Zanetti, Daniel Pilar,
Monika Nutz, Eva Häberle, Silke Wernet